浄土真宗の葬儀

竹中智秀

はじめに

本書は、二〇〇五年に真宗大谷派福井教区にて行われた竹中智秀氏（前大谷専修学院長）の講義を同教区教化委員会がまとめ『真宗と習俗を考える学習会　浄土真宗の葬儀』として出版されたものに、あらためて語句の整理等を加え、このたび東本願寺出版より発行したものです。

本書はまず、習俗化・形式化の一途をたどる「葬儀」に危機意識をもつ門徒、僧侶三名の方より問題提起をいただいた上で、竹中氏が講義を行うかたちになっています。枕勤め、通夜、葬儀から年忌法要まで、浄土真宗における葬送儀礼の本来の意味を一つひとつ丁寧におさえながら、深く考察された本書を、ぜひ多くの方々にお読みいただきたいと思います。そして本書が、亡き人をご縁に本願念仏の教えに出遇う、教学・教化の最前線としての「浄土真宗の葬儀」が回復されることを、心より願っています。

なお、講義当日、参加者に配布されました資料「宗門檀那請合之掟《しゅうもんだんなうけあいのおきて》」を巻末に掲載しておりますので、本文と併せて、学習の際などにご活用ください。

東本願寺出版

目次

はじめに　i

門徒・僧侶からの問いかけ
移り行く時代の中で——門徒からの問題提起　2
現代の死生観について——住職からの問題提起　9
葬儀社との関わりの中で——僧侶からの問題提起　16

一　葬儀のかたち
お内仏を回復する　22
枕勤め　26
おかみそり　28
湯灌　32
納棺　35

荘　厳　37
通　夜　39
葬　儀　41
二　葬儀の習俗と真宗の葬儀
火葬と土葬　46
中　陰　48
念仏者の死によう　52
路　念　仏　55
正信偈と和讃　57
如来の家族になる　60
同一念仏の化生　62
共同体信仰に抗して　64
「白骨の御文」を読む意味　67

三　追善の仏事と報恩の仏事
十五仏事　72
忌み事　73
精進潔斎　75
先祖崇拝　76
報恩講　77
念仏相続　80
法義相続　83
四　真宗の教学と葬送儀礼
葬送儀礼の仏事　90
同朋会運動　91
法主と門首　93
檀家制度　95
血統信仰　96
新宗憲の意義　99

民族・国家を越えて出会う　101
報土としての浄土　103
実体化された浄土　104
如来回向の真宗　108
本願を疑う心　111
本願を信じる信心　113
心に浄土が開かれる　115

五　一尊教と二尊教
質問　①
一尊教と二尊教　120
「南無阿弥陀仏」の三義　123
教主と救主　125

六　住職の課題
住職とは　132

七　仏教は自覚教
質問　②　136
仏教は自覚教　138
自利利他円満　140
菩薩の死を克服する　142
本願念仏の仏法　143
発刊によせて　大谷専修学院長　狐野秀存　145
講義時配布資料「宗門檀那請合之掟」　148
あとがき

凡例

一、本文中の真宗聖典とは、東本願寺出版発行の『真宗聖典』を指します。

一、読みやすさを考慮し、漢字は通行の字体に、仮名遣いは現代仮名遣いに改めました。

門徒・僧侶からの問いかけ

移り行く時代の中で――門徒からの問題提起

真宗門徒である私の日常生活の中から体験し感じたことを、いくつかお話できればと思います。

実は大変恥ずかしい話ですが、私の住んでいる地域・在所《ざいしょ》のお葬式では、先輩の方や自分の親の年代の方々からの直接の言い伝えというか、見よう見まねで葬式をするかたちで関わってきたのですけれども、あらためて浄土真宗と葬儀というようなことを意識的に考えたり、あるいはなぜこういうことをするのだろうと、そのように思ったことが実はあまりありませんでした。

私の在所は、昭和三十年代には全体で三十軒あまりの小さい集落でした。その集落は、だいたい大谷派の同行《どうぎょう》の方が十八軒ほどありまして、それから本願寺派の方が十軒ほどおられたのです。その他は真言宗の東寺派のお寺さんが一カ寺ございまして、後の方はその真言宗のお寺の檀家です。それが昭和三十年代の私の集落の状況だったのです。

ところが、現在は約二百五十軒近くあります。昭和四十年代に民間の宅地造成がありまして、そこに新しい家が建ち、約四十軒ほど増えたわけです。

家を建てられた方の年齢を見ますと、だいたい三十代から四十代の方で、いわゆる団塊の世代といわれる方々でした。この昭和四十年代に家を建てられた方は、年齢は若いのですけれども、建てた家のほとんどに仏間《ぶつま》というものがありました。ですから大きな家は間口が一間ほどの大きなお内仏《ないぶつ》が安置《あんち》できるようになっています。家によっていろいろですが、昭和四十年代はとにかく、家が建てられれば必ずそこに仏間というものがありました。ですから、新しく建てた家を見せてもらう時には、「仏間がどこにあるのかな、仏間はどういうかたちになっているのかな」ということが大きな関心事であったのです。

その後、昭和五十年代に入りまして、町の人口の目標を一万人にするということで、さらに宅地造成が行われました。それに伴って急に私の集落の人口が膨れていきました。その時期が昭和五十年代から六十年代であったわけですけれども、この年代は、日本の経済の一番成長した時期でもありますし、またいわゆるバブルという時を経過した時期にあたります。この時期はまだ、家を建てるという時には、だいたい、半数ぐらいは仏間があったと思うのですけれども、しかしその後だんだんと、家を建てても家の中にきちんと仏間の間取りを取らないということが出てきました。

昭和が終わり平成に入って、平成五年から十年頃になりますと、町の施策として町営住宅が建ちました。この町営住宅は約三十軒近くあるのですが、そういう宗教的なものは建物の中に取り入れないということで、仏間というものはまったくないわけです。それと合わせたように、一般の民間の住宅もだんだんと仏間のある家と仏間のない家とが逆転し、仏間のない家が増えてきました。

このことは、ここ十年ほどの間に極端にはっきりしてきまして、若い世代の人の入居している家の中には仏間がありません。真宗門徒として、朝のお勤めが一日の始まりだと私たちは聞いてきました。もとから住んでいる三十軒ほどのお宅は世代間で同居していますので、そういうところには仏間があり、朝のお勤めをする。そうすると、家族が一緒に参る参らんという問題はありましても、真宗門徒としてお勤めが一日の始まりだということが伝わってきたということがあります。ところが、仏間がないということはお内仏を置くところがないわけですから、そういうことが伝わらないのと同時に、家の中で柱になっているお父さん方がお勤めをしない、お念仏の声が聞こえないということが具体的に出てきたわけです。

そういう方々が、この後十年、二十年経って、今の私たちの年代になった時、朝のお勤めをする、共に念仏を称《とな》えるということは、そしてまた、聞法《もんぽう》するご縁をいただくということは、どこで伝統されていくのだろうかと思うのです。言い方はおかしいのですけれども、門徒も住職もこれは否応なしにぶつかっていく問題だと思います。

従来の教化事業、教化の方法については、いろいろあると思うのですが、たとえばお手次ぎのお寺に行って、法話を聞かせていただき、わからなければまたご住職あるいは坊守《ぼうもり》さんに、この間お聞きしたことはどういうことだったのでしょうとお尋ねすることはできるわけですけれども、だんだんとそういうことがなくなっているというように感じます。

今までのように、お寺にお参りして、ぜひ、法話を聞いてくださいという、それだけの教化のありかたでいいのかどうかというような疑問を感じています。

それから、もうひとつ具体的に、たとえば私の在所で、通夜から始まって納骨まで、お亡くなりになった方をどのようなかたちで送られているかについてもふれてみたいと思います。

まず、私の在所では、亡くなられた方が出ますと、ご住職に枕経をあげていただいて、その後、在所の者で通夜の準備をするのですが、昭和三十年、四十年代の頃は、お西の方が亡くなった時にはお西の方の同行《どうぎょう》の講付き合いの関係の人たちでお手伝いをして、お葬式の準備をするわけです。それから、お東の方が亡くなられた時には、お東の方の同行を中心に、いろいろな付き合いのある人たちでお手伝いをして、葬式を出していくというかたちだったわけです。

そのことが今申し上げたように、ここ三、四十年の間に急に在所の戸数が二百軒ほど増えましたので、新しくこの集落の中に入ってこられた方が多くなりました。入ってきた時は三十代、四十代ですから、お葬式を出すということがなかったわけです。けれども、最近になると、その方々が六十歳前後になってきて、定年退職して家にいます。そして、体の弱い方々がぽつぽつと亡くなっていくという状態になってきているわけです。そうすると、私たちのように、ずっとそこに住んでいた、生まれ育った者と違って、しきたり的なものをまったく知らないわけです。

これまではお通夜をする時、まず私たち同行の者が調声《ちょうしょう》をしてお通夜の勤行《ごんぎょう》をするわけですが、その方たちはそういう繋がりがないものですから、否応なしにお寺の住職にお願いをするというようなかたちでお通夜が勤まっています。

お葬式のかたちはどこもあまり変わらないと思うのですけれども、私の在所では、お葬式の斎壇も含めて全部お手伝いの人が準備していたものです。けれども、十年から十五年ほど前から、葬儀社が入ってきまして、斎壇から何からいろいろと準備をしてくれるようになりました。その段階になってくると、在所の人や同行の人が調声するというよりも、葬儀社を通じてお寺さんにお願いするというようなかたちが出てきました。今までは、お互いにお手伝いをし合って、協力をし合ってお葬式をみんなで出していく、そして、その中に悲しみを共有するとか、そういうようなことがあったのでしょう。けれども葬儀社の会場を使って、葬儀社にお葬式の準備を全部まかせてしまうと、そういう悲しみを共有する時間的なものがないように思います。

それを一番端的に感じますのは、昭和三十年代頃までは、体の具合が悪い方、あるいはお年寄りの方の多くを家で看護をしていましたので、臨終が近づいてきた場合には、家族の方なり近親者の方が家で息を引き取るのを看取っていく。そして、家の中で湯灌《ゆかん》をして、それから斎壇にお移しするというようなかたちだったわけです。そのように、家の中で湯灌までしていきますと、否応なしに、子どもたち、孫たちがその姿を目の前で見ていくわけです。

死ということを目のあたりにして、葬式が進んでいくわけですけれども、最近は病院で亡くなられる方が多いのです。そうすると、病院で亡くなっても、一度亡骸《なきがら》を家に引き取って、湯灌される方もあるのですけれども、病院で納棺してしまう場合が多いのです。そして、病院の霊安所からそのまま葬儀社の斎壇に棺をもっていってしまうということがあります。

すると、小さい子どもたちは、おじいちゃんが息を引き取る時に顔を合わせることもない。結局、悲しむということも自然に体験しないわけです。

悲しむという感覚が薄いというか、死ということに対して、それを事実として受け止めることができない。そういう現実があるのではないかと思います。幼稚園ぐらいの小さい子どもですと、葬式といいましても、綺麗に花で飾ってあって、親類の人がたくさん寄ってきて、何か知らないけれども、もうお祭り騒ぎで、ワアッと、綺麗なところで何かやっているという感じでしょう。死ということが小さい子どもの時からみんな切られてしまって、そういうものを肌で感じることを教えていない。そういうことが今、私たちの間に起きているのではないかと、そんなことを思っています。

もう一つは、そういう一連の葬式等で、私たちは、略肩衣《りゃくかたぎぬ》を着けるように親から言われております。しかし、五年ほど前から葬儀社の会場にお参りされる人の様子を見ておりますと、皆さん、あまり肩衣を着けていない。ほとんど、黒い服に黒いネクタイを締めているわけです。十年ほど前ならば、少なくとも半分近くの方は略肩衣をきちんと着けてお参りされていたように思うのですけれども、最近見ていますと、特に若い世代の人は、もうほとんど肩衣を着けていません。私も息子にお参りさせる時に、ちゃんと肩衣をもっていきなさいよということを言わなければ、もっていこうとしません。

だから、そのようなことでも、親から伝わってきた、真宗門徒として伝統されたものが消えていくという、そういう傾向にあるのではないかと、そのように思っています。

そういうことを通しまして、私自身がよく理解できていないいくつかの問題をお話させていただきたいと思います。

まず一点目は、皆さんもよくご承知のように、同朋会運動《どうぼうかいうんどう》は宗門のいのちだと位置づけられており、そのために、いろんな施策がとられております。ところが実際、そうした同朋会運動が生活の場で、今申しましたような生活の中のかたちとして、真宗門徒であるということがきちんと伝わっているのか。私たちも、門徒としてそういうことを心がけているのだろうかという疑問があります。

よく言われることは、お通夜の勤行がありました後にあげられる蓮如上人《れんにょしょうにん》の「白骨《はっこつ》の御文《おふみ》」は、宗旨を問わず、皆さんが頷いて聞いていただけるわけです。ところが、そういう大切な法話を聞いてもらえる絶好のチャンスなのに、そういう時間というのがまったくと言っていいほど活かされていないのではないかと思います。

また、私のところでは葬式の後に、荼毘《だび》に付したお骨をお寺に納骨に行くわけですが、お通夜にしても、そうして納骨に行くにしても、そこには家族の方だけではなくて、いろんな方たちが一緒にお参りをしておられるわけです。それこそ、宗門内だけでなく、宗門外の方にも真宗の教えを聞いていただける最高の場所であろうと思うのです。そういう場所が聞法の場所として活かされているのだろうかということを思います。

それから、習俗というか、習慣というか、私のところでは出棺の時に、喪主の方は白装束になって肩衣をつけ、藁草履《わらぞうり》を履くようにと言われていまして、今もそれが守られているのです。なぜ藁草履なのかも気になるのですが、その藁草履を斎場に行った時に、それを処理してもらい、帰りには普通の履物と履き替えて帰るのです。

それと、同時に斎場に身近な人が同行されますと、マイクロバスなどを使って送迎をするわけですが、そのマイクロバスが斎場に行く時の道順と、帰る時の道順とが全然違う道順を通って帰るのです。これもなぜそういうことがいまだに行われているのか。そんなことも教えていただけたらと思っています。

それから、焼香についても、お通夜の場所で皆さんの動きを見ておりますと、ほんとうにいろいろです。以前、ある住職に真宗の焼香の作法はこうですよ、ということを教えていただいたのですが、真宗門徒の私たちがそういうことについても、きちんと知っているのかなと思います。肩衣につきましても、若い人から、なぜ肩衣を着けなければいけないのかと問われた時、きちんと私たちは答えられなければ若い人は納得しないわけです。

最後に、私の在所では、お亡くなりになった日を含めて、いわゆる四十九日の忌明けの法事があるわけですけれども、それが、三月《みつき》にまたがるといけないということを、特に女性の方はこだわるわけです。なぜかと私が聞くと、〝昔からそうなんだ〟というような答えしか返ってきません。それで、それは間違いだということは指摘できるのですが、なぜ間違いなのかということについては、きちんと話ができないという現実が私にはあります。

以上、いくつかの私の知らないことを含めまして、私の感じたことを申し上げました。

現代の死生観について——住職からの問題提起

去年の三月に、前住職の父親を見送りました。前日まで非常に元気でしたが、翌朝の五時に倒れまして、駆けつけた時にはまだ温かかったことを覚えています。九十一歳でしたから、私も覚悟はしておりましたけれども、前日、会話もし食事も取っており、こんなに急に倒れるとは思っていませんでした。そういうこともあってちょっと慌てまして、脈を取るなり、額に手を当てるなりしてみると温かいのですが、全然動かないので急遽、かかりつけの病院の先生に来ていただきました。そして、午前六時に「御臨終です」と、先生から父の死が告げられました。その後、お葬式、満中陰《まんちゅういん》のご法事と、いろいろありました。そのようなことから今回、お話をするご縁をいただいた次第です。

私は昭和六十年から二十年間、福井のお寺で住職をしております。二足の草鞋《わらじ》といいますか、住職をしながら教育の現場にも勤めています。学校の生徒は時々、「どっちが本職や」と、厳しいことを言いますが、「どっちも本職や」とこう言わざるを得ないし、そういう気持ちでないと勤まらないような、そういう生活でございました。そういう中で、お葬式を勤めながら、「これでいいのか」と、具体的な疑問をもちながらずっときておりました。

しかし、いろんなことを抱えている中で、私たち住職がお葬式を勤め、あるいはお通夜のお話をし、あるいは亡き人を見送っていくことが、私たち浄土真宗の教えの中に生きる者の勤めではないかと思っています。

私たち現代人は死というものを避けて、世を挙げて健康至上主義になっています。テレビの番組や本屋さんの店先も、とにかく元気で長生きと、私たちの人生の目標が元気で長生きすることだというようなことがあふれています。そこで思われるのが、私たちの死生観が間違っていますと、お葬式そのものが当然、見当外れになっていくということです。

私は福井のお寺で住職をしておりますが、三町合同の追弔会《ついちょうえ》をローテーションで行っていまして、去年はちょうど私の寺で執り行いました。その追弔会には、六、七十人が皆参詣してくるのですけれども、お勤めが済みまして、高齢者学級の会長の挨拶がありました。その内容が、今の〝元気で長生き〟です。ひと言で言いますと、〝今日ここへ集まられた方々は、見た通りお元気だ。来年の追弔会も元気でまたお会いしましょう〟ということでした。追弔会に集まった人々が、追弔、すなわち、亡くなった人々への追慕の気持ちはどっかへ吹っ飛んでしまって、来年また元気で会いましょうという、まるで何かクラス会や同窓会などの集まりのような挨拶をなさるのです。

こういう光景を見る中で、ああ、やっぱり私たちは、もう世の中挙げてとにかく、元気で長生きするということが人生の最高の目標だという方向へ進んでいると実感しました。そして実はそこに、大きな危惧といいますか、不安があるのではないかと思いました。それは死というものを、自分の近くから、なるべく敬遠して遠いところへ退けて、そして毎日毎日ルンルン気分で生きていけることを喜ぼうということです。

しかし、いずれ「生老病死」の問題にぶつかります。今生きている自分自身の目の前に、すなわち生の目の前に老病死という間近に迫った問題が必ずくる。元気で、長生きできないという、そういう事実に必ずや私たちは出くわしていかなければならないという、そういう自己矛盾の中にいるわけです。それにもかかわらず、私たちはいろんなかたちでそういう健康至上主義に流されています。

大事なのは、亡くなっていった方と生き残った私たちの間に、いよいよそこから対話が始まっていく、いわゆるコミュニケーションがそこから始まっていくことではないでしょうか。しかもそれは自分の力で対話できるのではない。亡くなった仏のほうから、回向《えこう》されてくるということです。

私たちが、人間業を尽くして亡くなっていかれた方々の死、そしてお葬式、そしていろんな仏事を通じて、常に頭の中に置いておかなければならないのは、やはり亡くなっていった人からのメッセージを聞くということだろうと思います。それがないと、私たちは、お葬式によってぷっつり切れていくようなかたちで、死がどこか遠く、おぼろ気な思い出としか残っていかないのではないかと思うのです。

先般、ある新聞社の社長だった方のお葬式がありました。非常に大きな葬式だったようです。通夜には三千名の参詣とありました。それから、会葬が二千五百名だったということです。そのお葬式の弔辞ですけれども、一番最後は例の「安らかにお眠りください」でした。

私は、心情的にわからなくはないのです。あまりにも苦労なさった方に、楽に休んでくださいという気持ちは、人間の心情としてはわからなくはないけれども、やはり亡き人に眠ってもらったら困る。やはり仏さんになって、私たち生き残っている人間にいろんな声を発信してほしいというのが、私たちの生き残った人間の本心でしょう。またそれが、私たちの亡き人への、本当の供養ではないかと思います。

その葬式で一通だけ、「社長さんは立派な、いろんな文化活動、芸術活動をなさっていた方でしたので、後を受け継いで自分たちががんばるから、どうか見守ってください」こういう、死を無駄にしないという弔辞が、一通だけありましたが、後はみんな死者というものを、敬遠というか、遠くへ遠ざけるような弔辞で終わっておりました。問題は、死というものに対する私たちの履き違えです。

それからもうひとつ、平成十六年に、ＮＨＫが放送した「21世紀　日本の課題　子どもが見えない〈第二回〉大人はどう向き合うのか」という特別番組がありました。その中で、小学校の授業風景が映し出され、そこで先生が子どもたちに「人間は死んで、再び生き返ってくると思いますか」と質問をする場面がありました。そうしますと、驚いたことに子どもたちの四割ほどが、「必ず生き返ってくる」と言っていたのです。四割近くの子どもたちが、人間は死んだら再び生き返ってくると、真剣にそう思っているということならば、これはもう簡単に人を殺《あや》めても、殺めた子ども自身の中に納得できてしまうものがあるのではないかと思うのです。大人は大人で、死を遠くへ追いやり、子どもは子どもでそうやって、死というのを再び蘇生《そせい》してくるというような、そういう考えをもっているのです。

それで、私が聞き覚えております三つの言葉を紹介させていただきます。

まず死について、北海道の寺院の坊守さんで、若くして癌で亡くなられた鈴木章子《すずきあやこ》さんのこういう言葉です。

畳の上で死ねなくても、それは私の御縁です。そして、息が切れたその時には、ただいまっと、私を押し出してくれた、はたらきの中に帰っていきます。私は、こう、私を生き切ってきましたと帰ります。そうして、帰ったあかつきには、私がそうであったように、私の縁につながる子孫たちに、あなたも、しっかり生きてと願うものになりましょう。私を、この世に押し出してくれたはたらきを、ナムアミダブツと申すならば、私は、ナムアミダブツから生まれてきました。そして今、ナムアミダブツに照らされて、煩悩具足のこの身を生きております。この世の生が終わったら、また、ナムアミダブツに帰り、ナムアミダブツとなって生き続けます。これが私の生であり、死であります。

もう一つは、死というものについて、東京大学の小児科医の阿部知子《あべともこ》さんが、どの本か忘れましたが、「死を看取る文化」という文章の中で書かれていた言葉だったと記憶しています。この先生は一年に二十人ほど、まだ十歳にも満たない年齢で死んでいく子どもたちを見送っておられる方です。

子供たちは、その死の瞬間まで、親の手の中で看取られたいと望んでいます。それが一番寂しくないからです。また、最後のお別れができるからです。その、最後のお別れは、臨終を告げられた時に子供たちの目から出る一筋の涙であると、私はいつも思います。お父さんお母さん、さよなら、ありがとう。そんなふうに思わせる子供たちの死を私はたくさん看取ってきました。臓器移植を待って亡くなっていく子供たちも、自分の命のろうそくを体で知っています。消えていこうとする命の最後を、ただ一緒に、そばに居てくれることで、燃やし尽くすこと以外、その苦しさや死の恐怖から自由になることができません。移植によって助かることだけでなく、死を一緒に分け合ってほしいのです。親は助かる道に望みを託し、子は死を受け入れる。そのすれ違いは悲しすぎます。命はその送られ方で姿を変えるのです。

そして最後に、これは、山形大学の松尾剛次《けんじ》先生が「親鸞と中世都市鎌倉」という文章の中で、真宗の葬儀について注文をつけていらっしゃいます。

「葬式仏教」と言えば仏教者の一番堕落した姿と捉えられてきましたね。しかし、本来葬送というのは、人間の死というきわめて厳粛な事柄を扱う重要な儀式です。（中略）現代の僕らでも、死体がバラバラにされて捨てられるといった事件があると、きわめて陰惨《いんさん》なイメージを持ちますね。それは昔の人も同じで、自分や家族の死体はちゃんとした形で葬ってほしい。これは人間の文化の根本にある根源的な欲求だと思います。そうした欲求に対して、鎌倉仏教の教団は死穢《しえ》の禁忌《きんき》を乗り越えて取り組んでいった。そのことの歴史的な意義を、僧侶の方はもっと真剣に自覚されるべきではないかと思います。

これら三つの言葉から思いますのは、死というものを生との円環の中で考えていかなければならないということです。私たちがまるで生と死を両極のように、十と一のように、毛嫌いして死を考えていくと、必ず私たちが非常に寂しい一生というものを送らなければならなくなるのではないかと思います。

以上、私の問題提起とさせていただきたいと思います。

葬儀社との関わりの中で――僧侶からの問題提起

私は、福井別院に列座として勤務しております関係上、枕勤め《まくらづと》とか、お通夜、お葬式に関わる機会が多いのです。そこで、「これは真宗なのかなあ、これはおかしいのではないかな」と思うことを、具体的な例をあげてお話したいと思っています。

葬儀の式場においての事なのですけれども、箸をさしてある一膳の御飯とか、水をおかざりしています。よく見かけることだと思うのですけれども、私は、「これは他の宗教のおかざりです」と言って、それを葬儀屋さんに片付けていただいている状況です。しかしこれを葬儀屋さんではなしに、お参りしている人たちに言うと、皆さんの問題になると思うのです。葬儀屋さんに言えば何でもしてくれるからといって、葬儀屋さんに片付けていただく。これが問題だと思います。

次に、白木の位牌《いはい》とか、写真をおかざりしています。これは、今は当然のごとく、そのような斎壇になっているのですね。でも本来は、ご本尊《ほんぞん》を中心に、三具足《みつぐそく》のおかざりをするものです。花瓶《かひん》、香炉《こうろ》、燭台《しょくだい》、それに杉盛《すぎもり》などをおかざりする。ところが、今の斎壇というのは、そのご本尊が大きな写真の後ろになってしまっていたり、写真よりご本尊が小さくなっていたりして、なかなか見えにくい場合が多いと思います。ご家族やお参りしている方々は、その白木の位牌とか写真に対する執着がすごく強いと、いつも感じるのです。やはり、この斎壇のおかざりの仕方も一つの原因ではないかと思います。

次に、お葬式のお勤めの時に、亡くなった方が男性か女性かによって和讃《わさん》が違うのはなぜかということです。私自身、こういうものだと、何の疑問ももたずにお勤めしていますが、ふと考えると、これはおかしいことだと思います。

次に、火葬場のことについてお話したいと思います。喪主が火葬場に履いていった草鞋《わらじ》を、火葬場で燃やして帰るとか、もしくは最近でしたら、火葬場の入口で、その履いていった草鞋を履き替えるのです。多分履き替えた草鞋は、火葬場で処分されるのだろうと思います。

昔の話ですが、故人の使っていた茶碗などを、火葬場で割って帰るということをしていたらしいのです。それから、最近は、清め塩の代わりなのかわからないのですけれども、火葬場の出口とか、もしくは火葬場から葬儀の式場へ帰ってきた時に、バスを降りると、一人ひとりに、おしぼりを渡しているのです。別に、ご飯を食べる時でもないのに、おかしいなあと思っていたのですけども、よく考えたら、それが清め塩の代わりなのではないかと思います。

そして火葬されて、収骨をする時に、ひとつの骨を二人の人が、菜箸のような長い箸で一緒に息を合わせてつまみ、骨箱などに入れるのです。なぜか二人で一緒につまんで入れるということをするらしいのです。

次は中陰の話なのですけれども、私のところでは中陰の日数が、男性は四十九日、女性は三十五日とされています。本来は四十九日で、男性も女性も一緒なのでしょうけれども、何か男性と女性とは違うのが当然というような雰囲気があると思います。

そして次に、お墓でのことですが、福井県では、ノド仏と言われる骨が入っている骨箱をお墓に納めるという風習があります。あれは実際にはノド仏ではないらしく、首のところにある骨らしいのですけれども、そのノド仏のような骨が入っている骨箱、それをお墓に納める。関東の方では、大きな骨壷に遺骨を一体分まとめて入れますが、福井県ではその遺骨を三つに分骨するのです。一つはお手次ぎのお寺さん、一つは京都の御本山、そしてもう一つはお墓に納骨しています。

それから、よく墓地の入口などに、六体のお地蔵さんが安置されています。やはり六道《ろくどう》ということと何か関係があるのかなと思いますが、はっきりしません。

このように考えていきますと、今現在、私たちが勤めている葬儀などは、やはりそれがいつどのように始まってきたのかという原点があると思うのです。しかし、それが時代とともに変わってきている中で、その変わり方が真宗の教えによって成り立ってきたことなのかどうか、やはり疑問だと思うのです。しかし、他の人たちがこう言うからとか、葬儀屋さんがそう言うからとか、今までそうやってきたのだとか、そうしなければ何かあるかもしれない、不安だというのが理由で、私たちはこうしてしまっているのではないでしょうか。しかし、それだけではなしに、やはり、私たちお寺の者が、少なくとも私自身がはっきりと、そのことについて「こうです」と言えないことが、こうなってしまった原因ではないかと思います。私自身も腫れ物に触るような、何か触れてはいけないものに触れるというのは怖いんです。だからお寺さんも、葬儀屋さんに仕切られてしまいます。

私たちは、これから、こういうことが当たり前だと思わずに、これはおかしいのではないか、真宗なのか、という感覚をもって、少しずつでも勉強して変えていくことが大切なのではないかと思います。私自身がそうしなければいけないと思います。いろいろとお話いたしましたが、私からの問題提起とさせていただきます。

一　葬儀のかたち

お内仏を回復する

浄土真宗の葬送儀礼を中心にしてお話したいと思います。三人の方からの問題提起を受け、浄土真宗の葬送儀礼ということを順次展開する中で、提起されている問題にもしっかりと答えていけたらと思っています。

浄土真宗の葬送儀礼ということですから、そこにはやはり、真宗門徒としての葬儀をどのように勤めていくのかということが問われているわけです。その時には、真宗門徒になれているのかという、そこが曖昧《あいまい》だったら、門徒の葬儀といっても世間一般の葬儀と変わらないということになってしまいます。やはり真宗門徒としての確認が必要です。

これは蓮如上人《れんにょしょうにん》の時から、門徒が門徒としての生活をしていく時に、まさにその門徒のしるし、それが門徒の行儀であるというかたちで伝統されているわけです。それがお内仏を中心とした生活ということなのです。お内仏《ないぶつ》を中心とした生活、ここに門徒のしるしがあるのです。

親鸞聖人《しんらんしょうにん》と蓮如上人の御影像《ごえいぞう》をかけてという、この伝統はお内仏になるのです。親鸞聖人と蓮如上人の御影像が安置《あんち》されているというのは、よほど古いお内仏とか、また住職の生活しておられるところのお内仏がそのようになっている場合が多いと思います。それは如来《にょらい》・聖人のましますし家だということです。これが、お内仏をもっての生活ということです。他宗の場合は「仏壇」と言うわけですが、門徒の場合は仏壇とも言いますけれども、「お内仏」なのです。仏壇とお内仏の違いです。先ほどの問題提起の中にもありましたように、初めのうちはちゃんと仏間《ぶつま》があり、お内仏があったのだと。しかし、それがだんだんなくなってしまってきている。これは大きな問題です。

だいたい、日本の家に仏壇があるというのは先祖がおられるという、そういう意味があるのです。先祖がおられるということの証拠が、家に仏壇があるということなのです。だから、仏壇は先祖をそこに安置しているということです。そういう意味では、先祖祀《まつ》りの行われる場所が日本の家だと、こういう伝統なのです。ですから、他宗の場合は、次男三男が新宅する時には先祖をもち出せませんから、その新宅には仏壇がないのです。自分が新しく新宅をおこして、そして亡くなった時に初めて、その家の初代として仏壇が入ってくるわけです。先祖は本家の後を継いだものがお給仕するということなのです。

しかし、門徒の場合は仏壇が単なる先祖棚ではないのです。ご本尊《ほんぞん》、阿弥陀如来《あみだにょらい》を中心にするということですから、子どもが新宅をする時には、親は借金をしてでも必ず中心にお内仏を用意したわけです。如来さまを中心にして生活をしないかぎり生活が成り立たない、ということでお内仏がある。それが、門徒の家なのです。けれども、今はもうお内仏がないというような状況なのです。それなら三折《みつおり》本尊を置くかというと、それも曖昧になっているということであれば、もう門徒が門徒でなくなっていると言うしかないのです。

ですから門徒の行儀というのは、ご本尊を中心にしたお内仏を家の中心に据えるということです。これは蓮如上人が「本尊は掛けやぶれ、聖教《しょうぎょう》はよみやぶれ」（『蓮如上人御一代記聞書』六九、真宗聖典八六八頁）と、このように門徒に声をかけられて、「おれほど名号《みょうごう》かきたる人は日本にあるまじきぞ」（『空善《くうぜん》記《き》』）と言っておられます。蓮如上人の場合、本尊というのは、「他流《たりゅう》には、「名号《みょうごう》よりは絵像《えぞう》、絵像《えぞう》よりは木像《もくぞう》」と、云うなり。当流《とうりゅう》には、「木像《もくぞう》よりはえぞう、絵像《えぞう》よりは名号《みょうごう》」と、いうなり」（『蓮如上人御一代記聞書』七〇、真宗聖典八六八頁）とおっしゃるように、名号を中心にした本尊なのです。名号本尊なのです。ですから、そういう名号本尊を中心にして家をつくるのです。「聖教は読みやぶれ」というのは、これは「正信偈《しょうしんげ》」、「和讃《わさん》」のお勤めなのです。だからお勤めをしなさい、ご本尊を中心にしてお勤めをしなさい、ということです。そのことによって、親鸞聖人の教えを今ここにあって聞くことができるのだと、そのことによってたすけられていくのだということで、ご本尊を中心にしたお内仏をもち、その前でお勤めをしていく。これが門徒の行儀なのです。

特に、蓮如上人は「朝夕《ちょうせき》、如来・聖人の御用《ごよう》」（『蓮如上人御一代記聞書』七九、真宗聖典八七〇頁）とまで言っておられます。だから、してもしなくてもよいことではなしに、むしろお勤めをするということが如来・聖人の御用、つまり願いがそこにかかっているのです。本願《ほんがん》に遇《あ》ってほしいという、そういう願いは具体的にご本尊を中心にして、「正信偈」「和讃」のお勤めをするということです。それが如来・聖人の声を聞くことなのです。ご本尊を中心にしたお勤めをというかたちをとって、門徒の行儀を定められたのが、蓮如上人の御苦労なのです。

当然そこでは、ご本尊を中心にして、「正信偈」に親しんでいくということですから、蓮如上人は非常に単純明快に「一味の安心《あんじん》」ということをよく言われます。この一味の安心というのは、日本人でしたら、梅干と誰かが言うと思わず口の中が酸っぱくなる、それを一味の安心だと。このようにたとえながら「なんまんだぶつ」という、そういうお念仏の声を聞けば、そこに「四海《しかい》の内みな兄弟とする」という、こういうことが憶い起こされるわけです。みんな、如来さまを親とする兄弟であったのだということです。ところが、兄弟であったにもかかわらず、そのことを疎《おろそ》かにしていたと、申しわけなかったと。そのようにお互いが出会っていける、そういう一つの場をいただくんだと。これが一味の安心だと、こう言われるわけです。

ですからお内仏を中心にしてお勤めに親しみながら、家族全部が一味の安心、「四海の内みな兄弟」、そういう深い交わりを結ぶということです。それは単にその家の家族だということではありません。だいたい、お寺というのはお内仏なのです。お寺というのは門徒全部のお内仏です。住職さんたちは庫裡《くり》に自分たちのお内仏があります。本堂というのは門徒全部のお内仏です。そこをお給仕《きゅうじ》してくださっているのが住職さんです。ですから、お寺に来ると、門徒全部が「四海の内みな兄弟」だと。そのように、一味の安心というものの中に深い喜びを得たということです。そういう意味を明らかにするのが真宗の葬式ということなのです。そういうことがやはり初めにあるわけです。

門徒というのはやはり念仏の縁をもち、一味の安心ということの中で苦労してきたものということです。そこを回復するということが一番の根本なのです。家の中にお内仏を回復する。そして、お寺のご本尊を中心にして、すべての門徒が出会い直していくという、そういうことが門徒の行儀回復ということです。

枕勤め

そういう門徒の葬儀が現代は非常に難しくなってきているということです。それは、先ほどの問題提起の中でも詳しくそういう状況を知らせてくださったから、よくわかりました。

その葬儀については、まず「枕勤《まくらづと》め」というものがあるのです。「枕経《まくらぎょう》」とも言われます。誰かが亡くなったという時に、今は病院で亡くなる方がだいたい八〇パーセントだというのです。ですから、ほとんどが病院へ出かけて行っての枕勤めになってしまうわけなのです。あるいは病院から直接、葬儀会館のようなところへご遺体を移す場合もありますから、お通夜の場で枕勤めをかねてするというような状態になっているのです。

本来はその人が我が家のお内仏の前に戻ってこられて勤める。これが枕勤めです。どこで亡くなったとしても、まず我が家のお内仏の前に帰ってきて、そこで住職によって勤められるのが枕勤めです。だから死んでおられるということだけれども、生きておられる、そういうかたちで行わなければならないのです。それほど大事な意味のあるのが枕勤めなのです。

その時に頭北面西《ずほくめんさい》に寝かせる。こういう伝統があるのです。お内仏の前に頭北面西に寝かせる。これはたとえば、親鸞聖人が法然上人《ほうねんしょうにん》を讃嘆《さんだん》する御和讃の中で、法然上人の臨終のすがたを「頭北面西右脇《うきょう》にて　如来涅槃《ねはん》の儀《ぎ》をまもる」（『高僧和讃』、真宗聖典四九九頁）と述べておられます。つまり「頭北面西右脇」、これが如来涅槃の儀だとおっしゃっているのです。釈尊《しゃくそん》が、頭北面西右脇にして臨終を迎えられた。そのことの伝統なのです。

これは早い時期から、具体的には源信僧都《げんしんそうず》の頃から、臨終近くになると無常院《むじょういん》というところへ移し、そこで臨終を迎えさせるという、そういう伝統があったわけなのです。無常院には阿弥陀如来が来迎《らいこう》しておられる。そういうかたちをとって来迎仏としての阿弥陀如来をご本尊として安置しているのが無常院なのです。その来迎仏の阿弥陀如来の前で臨終を迎える。それが臨終の行儀です。それが臨終の迎え方なのです。ですから今でも、門徒のお内仏のご本尊の阿弥陀如来が、時には来迎仏のかたちをとっている場合があるのです。来迎仏は見ればわかるのです。足が揃ってないわけです。真宗のご本尊は足が揃っているのですけれども、来迎仏は揃ってない。これは「踏み割り蓮華《ふわれんげ》」といって、時宗《じしゅう》などはほとんど足を踏み割っています。まさに臨終を迎える人を来迎し、引接《いんじょう》しようとして目の前に歩みよっておられる。そういう阿弥陀如来のすがたをあらわすのです。

無常院の阿弥陀如来、つまり来迎仏です。その来迎仏の前で臨終を迎えさせるという、そういう臨終の行儀がずっと伝統されてきたということなのです。だから今でも、お葬式の時のご本尊の阿弥陀如来の絵像のことを「無常仏」と言ったり、「臨終仏」と言ったりする伝統が残っています。無常仏というのは、「無上仏」でなく「無常仏」と書くのです。それから「臨終仏」、これは来迎仏です。浄土真宗のご本尊としては来迎仏ということは言わないのですけれども、長い伝統の中で、民間の中では臨終には必ず来迎仏を掛けるという、そういう伝統があるのです。

しかし、門徒の場合は名号ですね。ご本尊の前で、頭北面西右脇にしながら臨終を迎えさせるということです。亡くなっておられても臨終を迎えさせる。そこで大事なのは、「おかみそり」をするということです。枕勤めというのは結局おかみそりをするということなのです。新しい「宗憲《しゅうけん》」で、門徒は帰敬《ききょう》式《しき》を必ず受けると定められています。ですから、そういう意味では画期的なことなのです。

おかみそり

そもそも、江戸時代から始まった檀家制度の中では、おかみそりというのは別の意味をもっていました。「宗門檀那請合之掟《しゅうもんだんなうけあいのおきて》」（本書一四五頁参照）というものがあります。いろいろな種類のものが出回っていますが、内容は大同小異です。今日では偽文書だと言われていますが、江戸時代に寺子屋で子どもたちが習字のお稽古をする時に、これを手本にしてお稽古したのです。それほど民間にこの十五か条の「宗門檀那請合之掟」というものが徹底して根付いていたわけなのです。

その檀家制度というのは幕府の宗教政策としてとられたものなのですが、その根本はキリシタン禁制ということです。キリスト教が入ってきて、日本人がみんなキリシタンになってしまえば、日本の国が奪われてしまうということで、日本人がキリシタンにならないように檀家制度を定めて、寺の住職が縁ある檀家の人たちを監視していくというものです。

これを見ますと、「キリシタンにもとずくものは、闥単国《だったんこく》より毎月金七厘《きんしちりん》を与えキリシタンになし、神《しん》国《こく》を妨《さまた》ぐること邪法《じゃほう》なり」とあるでしょう。だから、檀家制度というけれども大前提になっているのは「神国」なんです。神国をキリシタンが妨げるということで、それを防ぐための檀家制度なのです。こういうことをしっかりと見ていないといけません。「清め塩」という問題もここから来るのです。

その「宗門檀那請合之掟」で、一番注意しなければならないのは、「死後、死骸に頭剃刀《かしらていとう》を与え、戒名《かいみょう》を授くること。これは宗門寺《しゅうもんでら》の住持《じゅうじ》、死相《しそう》を見届けて、邪宗にてこれなき段、たしかに受け合いの上にて、引導《いんどう》いたすべきなり。よくよく吟味《ぎんみ》をとぐべきこと」とあります。檀家の者が亡くなったら、知らせを受けて住職が出かけて行って、その亡くなった者の死骸の頭にかみそりをあたえる。だから死んだ人の頭を本当に剃ってしまったのです。江戸時代は、おかみそりを受けるというのは死んだ時なのです。生きている時におかみそりということになれば、これはお坊さんになるということになってしまうわけです。

その時に、つまりおかみそりをする時に必ず、「流転三界中《るてんさんがいちゅう》　恩愛不能断《おんあいふのうだん》　棄恩入無為《きおんにゅうむい》　真実報恩者《しんじつほうおんしゃ》」と三度唱えながら剃《そ》るという、そういうことが約束事です。

また、これは非常に貴重な資料ですが、江戸時代の葬送儀礼というものを集大成して整理した『無縁《むえん》慈悲集《じひしゅう》』というものがあります。その『無縁慈悲集』というのは、お葬式をどうするか、亡くなった後の仏事をどうするかという、そういうことを記してあるのが『無縁慈悲集』です。亡くなった時におかみそりをして「戒名」を授ける。その時に戒名をどのように授けるのかという、戒名の授け方までがきちっと示してあります。そこに差別問題が出てくるわけなのです。なぜかというと、戒名というのは誰が見てもわかるようなかたちで戒名を与えて、それを位牌に記すのです。
そうすると、誰が見てもわかるというのは、これは社会的身体でしょう。だから、江戸時代は身分制度の社会ですから、身分が出てきてしまうようなかたちで戒名が与えられるということが起きたのです。だから当然、これは差別戒名にならざるを得ないわけです。そういう問題があるのです。

それで、この頭を剃る時の偈文が、「流転三界中　恩愛不能断　棄恩入無為　真実報恩者」なのですが、ここには、「帰依仏《きえぶつ》　帰依法《きえほう》　帰依僧《きえそう》」がないわけです。これではおかみそりにならないでしょう。おかみそりというのは、仏法僧の三宝に帰依しますというのがおかみそりでしょう。おかみそりを受けて仏弟子になるわけですから。なぜ「帰依仏　帰依法　帰依僧」がないのか。死んでしまっているからです。そうしたら、死んでしまった人の頭を剃るというのはどういう意味か。『無縁慈悲集』にちゃんと書いてあるのです。私たちの煩悩が残っている。その煩悩を最後のおかみそりによって剃り落とすのだというのです。そういう意味では、煩悩が除かれたということで仏になっていかれるということが暗に示してあるわけです。

そういうようなことがおかみそりをするということだったのだけれども、門徒は「戒名」ではなく、「法名《ほうみょう》」をいただくということです。法名というのは、「釈《しゃく》○○」でしょう。これは非常に大事なことです。「戒名」ということであれば、これは社会的身体です。「法名」ということは仏法に帰依したということで、「釈」を名告《なの》るわけでしょう。これは自覚的身体です。私は仏法に帰依して生きている者ですという、そういう自覚的名告りなのです。戒名というのは社会的身体なのです。大名なら大名、また町人、百姓なら町人、百姓という、そういう社会的身体を示しているのです。そういう問題があります。『無縁慈悲集』というのはそういうことを非常に詳しく示してあるのです。つまり、住職さんが葬式をどうやっていくのかという時の虎の巻なのです。これをしっかり読んでいないと、もし間違えると住職さんが叱責を受けるというような、そういう意味をもったのが『無縁慈悲集』なのです。

真宗の枕勤めというのは、お内仏の前に帰ってきて、帰敬式をまだ受けておられない人はそこで住職によって帰敬式を受けて、そして法名を名告る者として死んでいくということなのです。法名を名告る者として、生きて死んでいく者だということの確認をするのが枕勤めです。非常に大事なのです。その後、お別れ勤行というかたちで一緒に「正信偈」のお勤めをする、これが枕勤めなのです。門徒としてお念仏に縁をもち、一味の安心ということで深い交わりを結んだ者が、いよいよ死んでいくと。そのお別れだ。お浄土に帰っていくんだ。そういうことを確かめ合ったのが枕勤めです。こういう非常に大事な意味をもつ伝統があるのです。

それが今はもうお内仏はない。また病院で亡くなる。そうすると一番大事なその枕勤めがしっかりとできない。これは大問題なのです。どうしたらいいのか。やはりお内仏をもった生活があって初めて、そういう枕勤めが勤められるわけです。

湯灌

それから、「湯灌《ゆかん》」ということがあります。『納棺夫日記《のうかんふにっき》』という本の著者である青木新門《しんもん》さんという方とお話する機会があったのですが、今では湯灌というのはほとんど葬儀屋の方がされます。ところが、葬儀屋さんの中でも湯灌をするのを嫌がられるらしいのです。それで青木さんが名のり出てするようになったと、教えてくださいました。

もともと、湯灌というのは家族がしたものです。その湯灌も非常に大事で、『無縁慈悲集』の中に「沐《もく》浴《よく》の偈《げ》」というのがあります。湯灌というのは「湯灌頂《ゆかんじょう》」という意味がある。この利益なんです。「灌頂」というのは仏法に縁を結んでいくという、非常に大事な意味をもった儀式なのです。その時には、「南無仏水《なむぶつすい》　南無法水《なむほうすい》　南無僧水《なむそうすい》　南無観世音菩薩《なむかんぜおんぼさつ》　南無勢至菩薩《なむせいしぼさつ》　清浄大海衆《しょうじょうだいかいしゅ》　南無阿弥陀仏《なむあみだぶつ》」と、このように唱えながら灌頂するということです。そういった伝統があったようです。今はそういうことがほとんど行われていないようですけれども、湯灌というのは、仏法に縁のあった者として最後を確認していくという意味をもっているのです。

私たちの体質として「死畏《しい》」というものがあります。死を畏《おそ》れる。この死畏が「触穢《しょくえ》」になっていくのです。つまりその死への畏れが、穢《けが》れとして死に触れることを忌《い》み嫌うようになっていく。だから、親が亡くなっても湯灌しない。それを拒否するわけでしょう。体が死を畏れる。死を穢れとして忌み嫌っていくわけです。だから、死に触れることを避けていく。こういう問題に繋がっていくのです。こういうのはみんな神道なのです。死を穢れとして忌む。これが神道なのです。だから案外、こういうことは体質的なものとして私たちにあるわけです。

ところが、門徒は死を穢れとして忌まない。そういう生き方をどこで得たのかというと、これは本願に遇ったということなのです。善悪浄穢を選ばないのが本願なのです。だから本願に遇うということは、善悪浄穢《ぜんまくじょうえ》を選ぶということがどれだけ世界を狭くしているのか、どれだけ差別を生み出しているのか、ということを知らされることなのです。

だから、親鸞聖人が尊敬された聖徳太子《しょうとくたいし》を讃嘆する、こういう和讃があるのです。

うえ人しにてそののちに
むらさきの御衣をとりよせて
もとのごとくに皇太子
著服してぞおわします
（『大日本國粟散王聖徳太子奉讃』『真宗聖教全書』四・三九頁）

聖徳太子が片岡山《かたおかやま》というところを通りかかられると、飢え人が行き倒れていた。それで太子はご自分の衣をその飢え人に与え掛けて、そして食物を与えられて、ゆっくりおやすみなさいと言って帰られた。

しかし、何日かした後に訪ねられると、その人が死んでしまっていた。それで、丁寧にその人の墓を造って葬られた。また何日かして行くと、不思議なことに、棺に納めたその飢え人がいなくなっていたというのです。しかも、聖徳太子の与えられたその衣が棺の上に置いてある。それで、聖徳太子はその紫の御衣をとりよせて、以前と同じように着られたということです。

これは触穢を問題にしていないということです。しかも聖徳太子は皇太子です。皇太子というのは神道に関わる地位にある者でしょう。天照大神《あまてらすおおみかみ》を祀る神道です。けれども、聖徳太子は仏法に生きられたのです。本願に遇われて、本願に生きられたのが聖徳太子だということをしっかり見極めて、親鸞聖人はこういう和讃を作られているのです。その伝統なのです。

この触穢が日本人の一番大きな禁忌なのです。タブーなのです。しかし、浄土真宗はそれを問題にしない。触穢の禁忌によって、どれだけ不自由に、どれだけ世界が狭くなっているかということです。豊かに生きよと。それは本願にしたがう者のすがたです。

そういうことがあって、湯灌ということをなぜ拒否するのか。そこには死を畏れ、死を穢れとして忌むという問題があるのです。それで、死に触れることや触れたものを穢れとして忌む。触穢を避けるわけです。こういうことが現在もしあるなら、それこそ神道です。念仏者といっていながら、もし触穢につまずいているなら、それは念仏者とはいえないわけです。そういう問題が湯灌の問題なのです。

納棺

それから納棺《のうかん》です。この納棺ということについても、今はほとんど病院で亡くなられて、そして葬儀が行われる場所へ移して、そこで何もかも済ましてしまっています。通夜になると、亡くなった人が、もう棺の中に入れられてしまっているという、そういう状態で、住職さんが行くことになるのです。

そういう時に、納棺というのは非常に大事な意味があって、その棺の蓋の裏に「棺書《かんじょ》」というものを書くのです。皆さんも記憶があるかもしれません。棺の裏に住職さんが、大きい字で棺書を書いてくださったでしょう。紙に棺書を書いて棺の中に入れます。これを忘れてしまうと住職失格だと、私はしょっちゅう言っているのです。なぜかというと、棺書というのは、中央に「南無阿弥陀仏」と書いて、右に命終《みょうじゅう》の日、「何年何月何日命終」と書き、そして左には「釈〇〇」と法名を書きます。そして「寿算《じゅさん》」といって、何歳で亡くなられたかを書く。これが棺書なのです。

つまり棺書というのは、亡くなった人は誰なのか、ということです。この棺に納められた人は誰なのかということ、そういうことを記すのが棺書なのです。だからその棺書を入れないと、その人は誰かわからないまま葬式が済んだということになってしまいます。

この棺書というものは非常に大事なものなのです。なぜかというと、私たちは三つの名前があるのです。

ひとつは「俗名《ぞくみょう》」です。俗名というのは、その多くは親が生まれてきた子どもに与えて、その名前でもってその子どもを呼ぶわけです。そうすると、呼ばれているうちに自分のことだということがわかるのです。呼ばれたら、「はい」と答えるでしょう。「はい」と答えることによって親の子になるわけです。親の子になるということは、親の住んでいる世界に生まれることなのです。親の住んでいる世界に生まれる、親の住んでいる世界に所属することになるのです。これを「社会的身体」というわけです。生まれるというのは、この「身」と「土」をもつわけです。土というのは環境です。だから親の住んでいる世界に生まれるわけです。それが社会的身体です。

もうひとつは「法名《ほうみょう》」です。「釈○○」というのは仏法の世界です。仏法の世界のことを「僧伽《さんが》」と言ってもいいですね。「僧伽的身体」です。仏法の世界に生まれるのです。仏法の世界に生まれて、最終的に、私が本当に誰なのかということをはっきりと聞いていくわけです。最終的に、私は誰かということを仏法を通して教えられるわけです。

三つ目は「根本法名《こんぽんほうみょう》」です。それが「南無阿弥陀仏」なのです。つまり、阿弥陀如来こそ我が親だ。阿弥陀如来から「南無阿弥陀仏」という名前を与えられて、「南無阿弥陀仏」と呼ばれていく。それに「南無阿弥陀仏」と応えていく。だから、「南無阿弥陀仏」と名告っていくこと、これが本当の「わたくし」ということです。阿弥陀仏に南無する者として、私がはっきりと自覚できた。そういう意味で、これが「自覚的身体」なのです。だから棺書に「南無阿弥陀仏」と書くのは、この人は誰か、「南無阿弥陀仏」を我が名として名告って、生き死んで行った人だと。だから、「南無阿弥陀仏」の中でいつでもその人に会えるのだということです。蓮如上人でもそうです。「南無阿弥陀仏」を形見に残しておくと。親鸞聖人でもそうです。「南無阿弥陀仏」の中でいつでも会いましょうと。そういう非常に大事な意味をもつのが棺書なのです。それで初めて浄土真宗のお葬式になるのです。

棺掛袈裟《かんがけけさ》といって、棺の上に袈裟を置いたりするでしょう。葬儀屋さんがそのようにされているのですが、これは葬儀屋さんが始められたことではないわけです。早くからそういう伝統があるのです。それが、どうもよくわらないのですけれども、ひとつの説としてはさっき申しました、聖徳太子の片岡山の伝説を通して、棺の上に衣を、あるいは袈裟を置くという、こういう習慣が早くからできているということを民俗学の方では言っています。

荘厳

それで、どのようにお荘厳《しょうごん》をするのかということで、一九七二（昭和四十七）年に、大谷派においては「告知」が出され、『真宗』誌にも掲載されました。そして、「葬儀並びに葬儀前後の行事について」という付録も含めて、『葬儀中陰勤行集《そうぎちゅういんごんぎょうしゅう》』（法蔵館発行）というものがあります。そこにしっかりと、荘厳の仕方が出ています。

葬儀という時に、「棺前勤行《かんぜんごんぎょう》」といって、亡くなられた人の家のお内仏の前で勤行する。それから葬場まで、葬列を組んで送って、そして葬場で勤行をするという、「棺前勤行」と「葬場勤行」という、そういう二つのことが葬儀の行い方として本来あったわけです。まだ残っているところもありますが、今はほとんどひとつにしてしまっているようです。それを「告別式形式」と言うのです。だから、棺前勤行の時のお荘厳、それからその葬場勤行の時のお荘厳ということでなしに、ひとつのセットにした告別式というかたちのお荘厳の仕方というものが、『葬儀中陰勤行集』には示してあります。

一番大事なのは、やはりご本尊を置くということなのです。当然、お内仏ということがあるわけですから、ご本尊を中心にして、そして棺を置くということです。

それから、紙花《しか》というものが必ず用意されるでしょう。これは、釈尊が亡くなられた時の、沙羅双樹《さらそうじゅ》にたとえて、紙花を用意するということです。沙羅双樹を表すという、そういう伝統もあるのですけれども、民俗学では別の言い方をしています。神道で御幣《ごへい》のようなものがありますね。地取幣《じどりへい》とも言われますが、それを四隅に立てるのです。なぜそういうものを立てるかというと、ここで今から葬式をさせていただきますと、地の神から譲り受けるという、そういう境界を示す意味なのだと民俗学では言うのです。

神道では、死というものを穢れとして忌むということなのです。柳田國男《やなぎだくにお》が、神道というのはひと言で言えば、死を穢れとして忌む、それと先祖を祀る、この二つが神道だと、こう言っています。ですからそういう意味で、ここに境界別というようなかたちで、しるしを立てるということです。それがまとまって紙花になっているということです。仏教民俗学の五来重《ごらいしげる》氏はそういうことを繰り返し言われています。だけれどもやはり紙花は、沙羅双樹を象徴するものとして、伝えられてきたのだと思います。

通　夜

　そのように葬儀が行われる場を荘厳して、通夜《つや》というものが行われるわけです。通夜において一番大事なのは「通夜説法」です。その通夜説法というのは、住職さんがお話されるわけですけれども、その後に、集まった人が亡くなった人が誰であったのかということを、お互いに話し合いながら、亡くなった人を再確認するという、これが非常に大事な場だといわれるわけです。

　つまり、人間というのは一度死んで二度死ぬ人と、一度死んで二度死なない人がいるわけです。一度死んで二度死ぬというのは、みんなから忘れ去られてしまうことです。こういうことが、二度目の死なのです。

　存覚上人《ぞんかくしょうにん》が『浄土見聞集《じょうどけんもんしゅう》』というものを残しています。それを見ると、亡くなった者の三年というのは、亡くなった者が五道転輪王《ごどうてんりんおう》のところに行き、そこで、魂宿華《こんしゅくけ》という木の下に立たされることになる。魂宿華の元に立つと、自分の故郷の姿を見ることができるというのです。三年経って、故郷がどうなっているのかというと、そこでは自分のことが完全に忘れ去られてしまっているというわけです。自分のことをみんな忘れてしまっているということを知って、目から黄色の涙を流し、体から血の汗を流して、地獄へ堕ちていくことになるのだということが記してあります。結局は二度死んだということです。みんなから忘れ去られたということですから。

けれども、二度死なない者は、死ぬことを通して、みんなのところにいよいよ確かなかたちで戻ってくる者です。上原専祿《うえはらせんろく》さんが『死者《ししゃ》・生者《せいじゃ》』というすばらしい本を残しておられますが、上原さんは、奥さんを癌で亡くされるのです。しかも誤診ということもあったりして、ひどいかたちで亡くなられるわけです。そして奥さんを診た医者は自分の友だちなのですが、その友だちを上原さんは告発されます。死者との共生、死者との共存、死者との共闘というかたちでの告発です。

死者と共闘する。だから、死者を甦らせて、死者の志を生きるのだ。そういうかたちで死者と共闘していくのだと、そういうことを示しておられるのです。だからそれこそ、安らかにというわけでなしに、亡くなった者の志といいますか、その人の悲願といいますか、その者が本当にしたかったこと、願ったことを後に残ったものが相続《そうぞく》していく。そのかたちで死者と共生していく、共存していくということなのです。

だから、死者は「南無阿弥陀仏」ですから、南無阿弥陀仏ということは「願生浄土《がんしょうじょうど》」ということです。この世の中に地獄があらわれているかぎりはここに留まって、本当にみんなが共に生きられるように、苦労を共にして生きられるように願う者です。浄土が実現するまではここに留まって、われわれがその願いを引き継いでいくことを願う者です。それが南無阿弥陀仏。南無阿弥陀仏の魂というのは願生浄土です。一切衆生《いっさいしゅじょう》がたすかるまではたすかったとは言わないという、そういう魂。それは法蔵菩薩《ほうぞうぼさつ》でもあるし、それが南無阿弥陀仏です。

そういう死んだ者を死なせない。その者の志を受け継いで、そういったかたちで二度死なせないという、そういう意味での通夜です。そういうことが再確認できれば一番いいわけです。そういうことで、みんな死者を讃嘆するわけでしょう。確かに死んでいったということは悲しいことだけれど、亡くなった者がみんなのところで共に生きてくださっているという、そういうかたちで死者を確認する中で、死者を讃嘆していく。そういうことが通夜にあるはずです。

そのようにして、門徒として生き、死んだ。その門徒の葬儀をどのように勤めていくのか。そこに、枕勤め、そして帰敬式をきちっと済ませ、それから湯灌、納棺、そして通夜と、そのように大事に伝統されている門徒の葬儀ということがあるわけです。だから、それを回復するということは非常に大事なことだということです。

葬儀

それで、葬儀を告別式のかたちで勤める場合は、まず「伽陀《かだ》」があります。これは棺前勤行、葬場勤行という時には伽陀はないのですけれども、告別式の時には伽陀があります。この伽陀というものは善導《ぜんどう》の『法事讃《ほうじさん》』の言葉です。普段の法事の時も、まず初めに伽陀です。あれを皆さんはどのように聞いておられるでしょうか。

「先請弥陀入道場《ぜんしょうみだにゅうどうじょう》（先《ま》ず弥陀《みだ》を請《しょう》じたてまつる。道場《どうじょう》に入《い》りたまえ）」（『真宗聖教全書』一・五六三頁）です。まず招待するのです。阿弥陀如来に道場に入っていただくように請うわけです。だから、阿弥陀如来がその場に出現されるという意味なのです。阿弥陀如来が、法事ならその法事の場に出現された、お葬式ならそのお葬式の告別式の現場に阿弥陀如来が出現された、という意味です。阿弥陀如来が出現されている、そこでの葬儀なのだということです。これは非常に大事な意味です。

そういう伽陀があって、そして「勧衆偈《かんしゅうげ》」というのがあって、それから「短念仏《たんねんぶつ》」、「回向《えこう》」があって、「三匝《さそう》」というのがあるのです。そして「路念仏《じねんぶつ》」です。路念仏というのは、「南無阿弥陀仏」ですけれども、非常に哀しい響きのある念仏です。磬《きん》、鈴《れい》を打つ中で念仏が申されるのです。なぜ鈴なのか、なぜ路念仏なのか。これは早い時期からお葬式の源流というのがあって、無常講《むじょうこう》というのが念仏者によるお葬式の仕方なのです。

無常講というのは、浄土で再会しましょうと約束した者同士が、お互いに臨終を非常に大事にしたのです。ここに霊魂の問題があるのです。霊魂問題というのは、日本人にとっては体質のようなものです。たとえば、一膳飯があります。関西では特に多いのですが、一膳飯というのは、亡くなった者の枕元に一膳飯を盛るのです。

民俗学の方では、これは非常に大事な意味をもっています。なぜかというと、亡くなると私たちの肉体から霊魂が離れていくわけです。その離れていく霊魂を呼び戻す。そういうのを「もがり」と言うのです。昭和天皇が亡くなられた時も、かりもがりのみや、殯宮《もがり》というものが用意されました。「もがり」というのは亡くなった者の魂を呼び戻そうとするわけです。

以前は、中陰の間は屋根へ上がってはいけないと、そういうことを言われたことがあります。これは方々で言われるのです。なぜ中陰の間は屋根に登ったらいけないのか。それは亡くなった者の魂が屋根の上に漂っているからです。だから、屋根に上ると友を引くと、続けて亡くなるという。だから、屋根に上がってはいけないのだと、そういうことを聞いたように思うのです。これは死者の魂が立ち去りかねて、近くをさまよっているということなのです。それを呼び戻すのが「もがり」なのです。

ですから、そういう霊魂ということについては習俗として根強いわけです。だから、なぜ一膳飯かというと、体を離れた霊を信濃の善光寺の阿弥陀如来に結縁《けちえん》させる。そのために白い御飯を充分に用意して、それを食べていただいて、そして長野の善光寺まで行ってもらうのだという、そういうことからこの一膳飯というものが用意されているのです。ですから、善光寺信仰の強いところでは必ずこれをするのです。

そうすると、やはり霊魂問題でしょう。そして、草鞋を焼くとか、お葬式に火葬場へ行ったら道を変えて帰るとか、こういうのはなぜかというと、以前は野辺送《のべおく》りする時には棺を縁の深い者が担ぐでしょう。その時に担ぐ人は、みんな額に白い三角巾のようなものを付けているでしょう。なぜこういうものを付けるのかというと、これは避雷針だというのです。亡くなった者からその霊が放出しているわけです。亡くなった者の霊が側にいる人に憑《つ》くわけです。それを「よりしろ」と言って、霊をここへ全部集めて、それで墓場へ捨てて帰るのです。そういうことで、それは避雷針だというのです。

火葬場へ行って帰る時に道を変えて帰るといったことも、みんなそういうことなのです。草鞋などは一番霊が依っているわけだから、それをもって帰ってはいけないというのです。だからそういう意味では、お葬式をする時、棺がお内仏の前から出る時に、自分たちが普段出入りしている出入り口を通らせない。特別な玄関があって、いきなり座敷から中庭に出して、そして外へ出る。そういう通路がない時には壁を破ってそこから出す。そこまで霊を恐れたわけなのです。

そういうのが日本人のもっている霊魂観です。しかも、亡くなった者の死体から出て行く霊だから、これは死に穢《けが》されている霊です。だから、これを清めていくという清め塩になるわけですし、亡くなった者を祀るといっても、それはその者の霊を浄化していくというかたちで精進ということも行われるのです。仏教でいえば一人ひとりが仏道を精進するということだけれども、神道的になれば触穢を浄化することなのです。そのように精進ということが非常に習俗化しているのです。仏事というけれども、はじめが「我が国は神国」だという、そこから始まっているわけです。

だから、そういう日本の習俗の中で、門徒だけが曖昧にならないで、しっかりと本願の教えというものを大事に守ってきている伝統もあるわけです。そういうことをきちっと見直して、大事に相続することが必要だろうと思うのです。

二　葬儀の習俗と真宗の葬儀

火葬と土葬

浄土真宗の葬儀、葬送儀礼ということを具体的なかたちで見ているのですが、いよいよ葬儀が始まった時に、「棺前勤行」と「葬場勤行」があります。私も子どもの時、お葬式といえば野辺送りということがあって、葬場といいますか墓場まで付いて行くわけです。葬列を組んで墓場まで野辺送りをします。そういうかたちでお別れをするわけですが、そういう意味では非常に悲しい、人間にとって悲しいひとつの風景として、特に寺に生まれて育ったということがありますから、子どもの時に何回も何回も見ました。本堂の縁の下に墓掘道具があるのですが、お葬式があると必ず講衆の当番に当たった人がそれを取りに来られるのです。そしてなぜなのかはわからなかったのですが、その時必ず一升瓶を渡すのです。一升瓶と墓掘道具をもって墓場に行って墓を掘られるわけです。それほど辛かったのだと思うのです。

それでよく墓掘の当番に当たった人が寺へ来て、住職には言わないのですが、母親にいろんなことを言っているのを聞くともなしに聞く機会が多くありました。その中で私がまだ子どもの時に総代さんのお嫁さんが亡くなられたということがありました。非常に綺麗な若い奥さんということでよく覚えていたわけですが、その方が急に亡くなられて、それでしばらくしてまた別の門徒の方が亡くなられて、その別の門徒の方の墓を掘りに行った。その時当番に当たった人が寺へ来まして母親に言っているのです。狭い墓場ですから続けて亡くなられると前の棺が出てくるわけです。それで少し日が経っているので、しっかりと釘は打ってあるのだけれども、前の若い奥さんの棺が見えたと言うのです。見てみたら、ちゃんと納めたはずなのにもがいておられたと言う。あれは多分埋めた後に目が覚めて、生き返られたのではないかと。生き返られて、墓の中で、土の中で、闇の中で、それこそもがいておられたような感じがしたと、母親にこう言っているのです。それを聞いたら怖くなりましてね。若い綺麗な人だということで知っていたものだから、お葬式の時に墓場まで付いていったのですが、後からそういうことを聞いて怖くなったという、そういうことが以前はあったわけです。土葬するわけですから、続けて掘ると前の棺が出てくるわけです。

今は火葬をするのでそういうようなことはありませんが、火葬と土葬とは決定的に違うのです。この辺りは昔はどうでしたか。たぶん土葬をなされたのではないですか。私の父親が死んだ時は土葬ではなく火葬にしました。田んぼの中で焼いたのですが、ちょうど雨が降って煙がたなびいていました。そうすると、私の友だちが住んでいた辺りに私の父の焼いた時の煙がたなびいていったらしいのです。それが非常に臭かったと言うのです。次の日学校に行った時に、君の父親の臭いがもうきつくて大変だったと、ずいぶん友だちからいじめられた記憶があります。つまり、焼くというようなことは滅多になくて、ほとんど土葬だったのです。

土葬と火葬。この土葬にするというのは、これはだいたい儒教なのです。火葬するというのは仏教。日本の神道というのは日本化した儒教だと言えます。

土葬するというのは、――招魂再生《しょうこんさいせい》、招魂社《しょうこんしゃ》などと言うでしょう。魂を呼び寄せて甦らせる。これは儒教です。だから焼いてしまったらだめなのです。焼いてしまったら、魂を呼び戻しても再生できないわけです。だから骨を大事にするわけです。そこへ甦った魂が依るわけです。だから儒教は焼かない。その招魂再生ということが、亡くなった者を甦らせて、それが孝道になるわけです。

今、韓国ブームですけれども、韓国というのは徹底した儒教の国なのです。テレビの映像を見ていても「孝」ということが強く出てきます。あれが儒教の一番大事にしていることです。だから日本の人が韓国ブームというのは、儒教の体質が呼び覚まされるのです。

儒教は招魂再生ですから、絶対に焼かないのです。孔子《こうし》の廟というのは真影を安置するでしょう。骨と真影なのです。親鸞聖人の大谷祖廟《おおたにそびょう》と真宗本廟《しんしゅうほんびょう》というのも骨と真影でしょう。ひとつ間違えるとこれはもう儒教なのです。

仏教は火葬するのです。これは何かというと輪回転生《りんねてんしょう》なのです。輪回転生だから生まれ変わるわけです。だから骨はもう必要ないのです。ですから当然そこに生まれ変わる「生まれ変わり方」があるわけです。

中　陰

仏教には「四有説《しうせつ》」ということがあります。だから、女の人は三十五日、男の人は四十九日で中陰明けだということはありえないのです。なぜかというと、この「中陰」というのはもともと四有説からくるものです。四有説は存在の仕方を言うものです。生有《しょうう》、本有《ほんう》、死有《しう》、中有《ちゅうう》です。「生有」というのは、お母さんのお腹の中に宿って、そして生まれる時が熟すると産声をあげて生まれてくるでしょう。その時を生有と言うのです。そして生きていることを「本有」と言うのです。やがて必ず死んでいく、これが「死有」です。生まれて生きて死ぬと、これでおしまいということであれば何も亡くなった人を祀る必要はないわけです。追善をする必要はないわけです。だけれども、これはそういう教えがあるのですけれども、人は死ぬと、この肉体から肉体に宿っていた霊魂が離れていくというのです。離れていった霊魂が七七、四十九日経つと再生する。その再生するまでの間を「中有」と言うのです。中有というのはそういう意味なのです。七七、四十九日というのは死んだ者が生まれ変わるまでの間を中有という、その期間です。

生有、本有、死有、中有と、生まれ変わる時にどのようにして生まれ変わるところが決まるのかということです。そういうことについて一番詳しく説いているのが『十王経《じゅうおうきょう》』というお経です。これはお経といっているけれども偽経《ぎきょう》、偽《にせ》のお経なのですけれども、日本人の霊魂観とか先祖観とか、そして他界観とかというものによく合致するので、『十王経』というのは日本人の体質に合うということでものすごく浸透したのです。

江戸時代は『十王経』を前提にした仏事が一番盛んでした。蓮如上人の頃も『十王経』が盛んだったのです。『御文《おふみ》』の一帖目の第十一通などを見ると、「死出《しで》の山路《やまじ》のすえ、三途《さんず》の大河《たいが》をば、ただひとりこそゆきなんずれ」（真宗聖典七七二頁）とあります。これが『十王経』なのです。

その『十王経』によると、人は死んだ後、どこに生まれ変わるかは生きている時の罪業の業報として決まるとされています。浄土へ往く人はまっすぐ浄土へ往くけれども、浄土へ往けない人は罪業の業報によって生処《しょうしょ》が決まるから、六道を輪回していくのだというのです。だからその者をたすけるための追善をするわけです。そういうことが説かれているのが『十王経』なのです。そういう意味では、この中有は十王が裁断《さいだん》するということです。

蓮如上人の御文にも出てきますが、もとは存覚上人の『至道鈔《しどうしょう》』にあります。

中有というは、この生《しょう》の命《いのち》はつき、つぎの生の報《ほう》はいまだうけざる二有《にう》の中間なり。この間に十王の裁断におうて生をさだめらるるなり。

（『至道鈔』、『真宗聖教全書』五、二五九頁）

これを受けて蓮如上人の帖外の御文の拾遺《しゅうい》に、

中有というは十王の裁断なり。

（『十帖御文校本』、稲葉昌丸編『蓮如上人遺文』五三三頁）

と出てきます。

つまり十王によって、生きている時の罪業がしっかりと確かめられて、その業報によってどこに生まれ変わるかが決まるのだと、そういうのを「十王の裁断」と言います。だから死者を地獄に堕とさないように追善することによってたすけるわけです。追善するということと十王の裁断による輪回転生は重なっているのです。江戸時代からそういう仏事をしてきています。それは本当に徹底しているのです。

亡くなった者は一尺五寸の釘を四十九本打たれる。その釘もどこに打つかまでちゃんと決まっていて、そしてそれをどうしたら抜けるのかということまでちゃんと説いているのです。そういうことが、先ほど言いました『無縁慈悲集』などに非常に詳しく出ています。こういうものが葬送儀礼の手本なのです。そして今日まで、そういう習慣がずっと残っているのです。それをきちっと断ち切らないと引きずってしまうのです。

ですから、その生有・本有・死有・中有という、その中有というのが中陰になるわけです。中陰、これは四十九日です。だから時々、三十五日でもう中陰がすんだということを言いますが、そんなことはどこにもないわけです。それはこちら側の事情でそう言っているだけなのです。

けれども、浄土真宗の門徒なら、先ほど言いましたように、生きている時に本願に遇うということです。そうすると浄土から来て浄土に帰るのだということが、ちゃんと自覚的にはっきりしているということですから、死んでそのようなところをうろうろしないで、真っ直ぐに浄土へ帰るのだということを自覚しているわけです。

念仏者の死によう

親鸞聖人の頃にも、念仏者の死にようが問題になっています。なぜ念仏者の死にようが問題なのかというと、臨終の一念がどこに生まれ変わるか、その生処（生まれ変わるところ）を決定するのだと思われていたのです。それほど臨終の一念にこだわった。そういうことがあったわけです。ですから死んでゆく時に、どういう死に方をしたかということが決定的な意味をもつのです。

源信僧都の頃は、死んでゆく者を浄土に帰らせるということで念仏を勧めるわけです。「南無阿弥陀仏、南無阿弥陀仏」と言って、念仏を一緒に申させながら、阿弥陀如来がお迎えに来られるぞ、阿弥陀如来が見えているかと聞くわけです。それを確認しながら、その者の死にようを記録したわけです。それが過去帳《かこちょう》なのです。

死んでゆく者の臨終の一念がどうであったかということを記録したのが過去帳だったのです。その死にようによって、その者が浄土に帰っていったのか、むしろ迷っているのかを決めたわけです。迷っているということであればたすけなければなりません。そういうことで、追善をねんごろにしたということです。そういうことがだいたい、親鸞聖人や覚如上人、蓮如上人の頃の状況なのです。ですからそういう意味で、死にようということを親鸞聖人の門徒の人もすごく問題にしているのです。

それで親鸞聖人は、そういう死にようを問題にする門徒の人に対して、「こころよりおこるやまい」と

「身よりおこるやまい」（『御消息集』、真宗聖典五七三頁）との違いがあるとおっしゃいます。「身よりやまいをするひと」は、一応念仏を喜んでいても、――今でもそうでしょう。癌の末期症状ということになり、鎮痛剤が効かないとなれば、本当に苦しんで臨終を迎えるということもあると聞きます。医学が進んでいる現在でもそういうことです。親鸞聖人や蓮如上人の当時だったら刀傷などを受けて、のたうって息していることだってありましょうし、大きな病気にかかって、のたうっていることもあるでしょう。そうなるとこれは狂乱死でしょう。そういう狂乱死でも、それは「身よりおこるやまい」ですから、そういうことは問題にしないようにと言われているわけです。「身よりおこるやまい」、そのことで狂乱死ということであっても、それは問題にしないと言われます。

　ただし、「こころよりおこるやまい」ということがある。それは本願に遇うこともないままに、死んだらどうなるのか、死んだらどこへ行くのかはっきりしていない者は、臨終が来れば狂乱するしかないのです。だからそういう意味では、浄土真宗の教えははっきりしているのです。「現生正定聚《げんしょうしょうじょうじゅ》」です。「現生《げんしょう》に正定聚《しょうじょうじゅ》に住《じゅう》するがゆえに必ず滅度《めつど》に至《いた》る」。これが浄土真宗の一番根本です。

　生きている時に本願に遇い、念仏を喜ぶというのは二重国籍になるということです。私の故郷はお浄土だということを、「ここ」にいながら自覚できたということです。それで、「ここ」にいるものはみんな浄土を故郷とする御同朋《おんどうぼう》なのだ、ということで非常に深い交わりができたということです。それで、いよいよ死んでゆく時がきたと、それは浄土へ帰る時なのだということです。だから浄土で待っているから来なさいと、そういうことまで親鸞聖人は言われるのです。そのように信心決定して、心に浄土がひらかれて、ここで縁ある者と御同朋として深い交わりをして、また浄土で会おうということが言えている者は、どんな状態の中でも動転することがないのです。

けれども、本願にも遇わないし、どこから来てどこへ帰るのかもはっきりしない者は、死んでゆく時は動転します。そういう人のことを「こころよりやまいをするひと」と言っておられるのです。本願にも遇わない、念仏も喜べない。自分が死ぬという、そういうことを考えると怖い。だから普段は忘れていることですが、だけれども、死んでゆく時が来るわけです。その時にそれが問われるわけです、決着は付いていているのかと。

ところが、どうするか決着が付いていないわけだから、これは動揺するしかない。そういう人の「死によう」です。こころよりやまいする人の死によう、それをよく見ておきなさいと言われるのです。そういう人は地獄に堕ち、天魔《てんま》になる。だから「こころよりやまいをするひと」の死にようをよく見ておきなさい、そして本願に遇いなさいと。往生は一人一人のしのぎだと、しっかり本願に遇いなさいと、そういうことを親鸞聖人は言っておられるのです。

だから死にようの問題というのは、みんなの中で非常に大きい問題になっていたわけです。それで過去帳にまで死にようを記録したということです。そして追善をねんごろにすべきか、ねんごろにしなくてもいいかということを決めたわけです。過去帳というのは、もともとはそういうことだったのです。

そういう意味で、六道を輪回していくというところには四有の問題があります。生有・本有・死有・中有と展開し、その中有で十王の裁断があり、そこから中陰の仏事がきているわけです。

しかし門徒の場合は本願念仏ということがあります。中陰といっても輪回してゆくということでなしに、先ほども言いましたように、亡くなった者を二度死なせないというかたちで、亡くなった者の深い志、志願というものを、後に残った者がきちんと確認して、それを相続してゆくという、そういう大事な意味をもつのが門徒の中陰の仏事ということになるのです。

路念仏

それで、今はお葬式が告別式というかたちで、棺前勤行と葬場勤行をひとつにしたかたちで勤められています。まず「総礼《そうらい》」があって、「先請弥陀《ぜんしょうみだ》」の「伽陀《かだ》」があって、「勧衆偈《かんしゅげ》」があって、十遍《じっぺん》の「短念仏《たんねんぶつ》」があって、「我説彼尊功徳事《がせぴそんくどくじ》」の「回向《えこう》」があって、「総礼」して、それから「三匝鈴《さそうれい》」がありま す。「三匝鈴」と「路念仏」というのが野辺送りをする時のかたちです。鈴を打ちながら路念仏を申しながらの野辺送りです。そうして墓場まで行くわけです。そういうことが告別式の場合は、その式場の現場でなされます。鈴を打ち上げ打ち下げて、路念仏です。

その時になぜ鈴なのか。この鈴というのは特別な意味があるのです。たとえば、夜になってから鈴を打つとか、磬《きん》をたたくとかということは、私らが子どもの時は父親から絶対だめだと厳しく言われました。なぜかというと、鈴を打ったら死んだ人が集ってくるのだというのです。だからそれで怖くなったものです。鈴というのはそういう意味があったのです。

たとえば、『御伝鈔《ごでんしょう》』の中に覚如上人がこういうことを記しておられます。これは親鸞聖人が関東から京都に帰ってこられる時のことです。

聖人《しょうにん》、東関の堺《さかい》を出《い》でて、花城《かせい》の路《みち》におもむきましましけり。或日晩陰《あるひばんいん》におよんで箱根《はこね》の険阻《けんそ》にかかりつつ、遙《はるか》に、行客《こうかく》の蹤《あと》を送りて、漸人屋《ようやくじんおく》の樞《とぼそ》にちかづくに、夜もすでに暁更《ぎょうこう》におよんで、月もはや孤嶺《これい》にかたぶきぬ。時に、聖人あゆみよりつつ、案内したまうに、まことに齢傾《よわいかたむ》きたる翁《おきな》のうるわしく装束《しょうぞき》たるがいとことごとく出会《いであ》いたてまつりて、いう様、「社廟《しゃびょう》ちかき所のならい巫《かんなぎ》どもの、終夜《よもすがら》、あそびし侍《はんべ》るに、……

(真宗聖典七三四頁)

巫というのは巫女《みこ》です。「巫どもの、終夜、あそびし侍るに」という言葉が出てきていますが、この「あそぶ」というのは、鈴を鳴らすということです。巫女さんが鈴をもって、夜通し鈴を打ち鳴らしているということです。鈴というのは霊を鎮《しず》めるのです。夜、怨みを懐いて亡くなった霊がいろいろ障りをするとか祟りをなすと恐れられるわけです。そういう時に、巫どもが鈴を打ち鳴らしながら霊魂を鎮めてゆくのです。そういうのが「あそぶ」ということなのです。遊んでいるのではないのです。時宗の人たちが夜、鉦《しょう》を打ちながら念仏申されます。そういうのはみんな霊魂を鎮めているのです。鉦を打つとか磬を打つとか鈴を鳴らすのはそういう意味があるわけです。

三匝鈴を打ちながら路念仏申すというのは、亡くなった者を念仏申しながら浄土へ導いていくという、そういう意味があって、先ほど申しました無常講というかたちで、死者を浄土へ送り、浄土で再会しようと、そういう仲間を浄土へ送るように導いていく。これが路念仏なのです。そういう無常講の流れが六斎念仏《ろくさい》などで今もあります。

ですから、「問葬念仏《もんそう》」といいますが、誰かが亡くなると、そこへ訪ねて行って念仏を称えるわけです。これは亡者を導いてその者を浄土に往生させるという、そういう意味があるのです。その意味をもって念仏したわけです。だから鈴を鳴らしながら鏧を打ちながら野辺送りをして、念仏申しながら浄土へ導いていくという、素朴だけれども民間に伝承されているかたちなのです。

だから、三匝鈴、路念仏はお葬式のクライマックスなのです。あれが上手にできないと住職さんと言えないくらいです。あれを聞いていると、亡くなった者を想う深い深い悲しみというものが沸き起こってきます。いよいよお別れだなあという悲しみと、同時に、いやまた会えるのだというような喜びもある。そういう野辺送りがあったのです。それが告別式の中にも、三匝鈴と路念仏というかたちでちゃんと伝承されているのです。今度お葬式の時に、耳を澄まして聞いていただければと思います。

正信偈と和讃

そういうことがあって、葬場に着いて、そこで「正信偈」のお勤めがあるわけです。「正信偈」のお勤めとともに「和讃」が詠まれます。

その和讃の深い意味については後でまた見たいと思うのですけれども、だいたい男性と女性とで和讃が分けて用いられています。特に女性の場合は次の「浄土和讃《じょうどわさん》」が用いられます。

真実信心《しんじつしんじん》うるひとは
すなわち定聚《じょうじゅ》のかずにいる
不退《ふたい》のくらいにいりぬれば
かならず滅度《めつど》にいたらしむ

（真宗聖典四八四頁）

その後、添《そえ》というかたちになりますが、次首が詠まれます。

弥陀《みだ》の大悲《だいひ》ふかければ
仏智《ぶっち》の不思議《ふしぎ》をあらわして
変成男子《へんじょうなんし》の願《がん》をたて
女人成仏《にょにんじょうぶつ》ちかいたり

（真宗聖典四八四頁）

ここに「変成男子」や、「女人成仏」といった言葉が出てきます。これは女性差別にあたるという告発がありまして、お西の方はこの和讃は用いないということを公にされました。これは第三十五願の心を表しているのですけれども、「変成男子」とか「女人成仏」ということをどのように読むかという大きな問題があります。その教学的な意味ということについては、葬儀と教学の問題ということで後で見たいと思います。

一方、次の「本願力《ほんがんりき》にあいぬれば」の和讃は、男性であろうと女性であろうと、誰であろうとお葬式の時に詠まれているのではないかと思います。私はこれが一番ふさわしい和讃だと思っています。こういう和讃です。

本願力にあいぬれば
むなしくすぐるひとぞなき
功徳《くどく》の宝海《ほうかい》みちみちて
煩悩《ぼんのう》の濁水《じょくしい》へだてなし
（『高僧和讃』、真宗聖典四九〇頁）

添として次首の和讃が詠まれます。

如来浄華《にょらいじょうけ》の聖衆《しょうじゅ》は
正覚《しょうがく》のはなより化生《けしょう》して
衆生《しゅじょう》の願楽《がんぎょう》ことごとく
すみやかにとく満足《まんぞく》す

（「高僧和讃」、真宗聖典四九〇頁）

これは素晴らしい和讃です。これは、葬式の時の和讃というのではなしに、いつでもどこでも、この和讃の心を深く受け止めるというかたちで聞法するのが一番いいと思います。あれもこれもと聞法するのではなしに、この和讃の心をいただいたならば、もうそれで浄土真宗に遇ったと、私もみなも共にたすかったという、そういう大きな喜びが必ずそこにあるに違いありません。

如来の家族になる

特にこの、「本願力」の後に添えられる和讃です。初めにある「如来浄華の聖衆は」は詠まないで、後の「正覚のはなより化生して　衆生の願楽ことごとく　すみやかにとく満足す」を詠みます。これは、親鸞聖人も蓮如上人も一番大事にされた如来眷属功徳成就《にょらいけんぞくくどくじょうじゅ》です。天親菩薩《てんじんぼさつ》の『浄土論《じょうどろん》』の「如来浄華衆《にょらいじょうけしゅ》正覚花化生《しょうがくけけしょう》」（真宗聖典一三六頁）です。これが如来の眷属の功徳をあらわすのです。

如来の眷属というのは、蓮如上人の「白骨の御文」に「六親眷属《ろくしんけんぞく》」とあります、あの眷属です。如来の眷属は、阿弥陀如来を中心にする場合に親子という場合もあり、師弟という場合もあります。阿弥陀如来を親とすれば阿弥陀如来の子どもとしてお互いに兄弟だという。阿弥陀如来を親としてお互いにみんな、血がつながっているという、そういう親子関係でいうわけです。だから浄土というのは阿弥陀如来を親とする本家だというわけです。

また阿弥陀如来を師というと弟子になるのです。お互いに阿弥陀如来の弟子として、兄弟弟子だということになるわけです。そうなると、これは本家でなしに道場です。浄土は道場。安田理深《やすだりじん》先生は教室だと言われました。阿弥陀如来を先生とする教室、お浄土は教室だと言われたことがあります。

そういう阿弥陀如来との関係をもつということで、親鸞聖人は信心のことを「一子地《いっしじ》」と言われると同時に、「生如来家《しょうにょらいけ》」というように言われます。「一子地」はひとり子、阿弥陀如来のひとり子です。こういう自覚をもったということが信心を得たということですね。「生如来家」は阿弥陀如来を親とする家に生まれたという自覚です。それを「眷属功徳」と言うのです。これがたすかったということです。

だから蓮如上人の「一味の安心」というのは、「南無阿弥陀仏」ということが聞こえた時には、みんな兄弟だと、それを憶い起こすのだということです。お互い敵のように殺し合っている、憎《にく》み合っている。そういう時に「南無阿弥陀仏」と念仏を聞いたと、憶い起こしたということです。そうすると兄弟同士であるのに殺し合うとは何ごとかと、申し訳なかったと、このようにお念仏の縁でお互いが一つに出会っていくことができるのです。これが如来の眷属ということです。

同一念仏の化生

特に曇鸞大師《どんらんだいし》が「化生《けしょう》」ということを言われます。同じ言葉ですけれども、「四生《ししょう》」のうちの「化生」とは違います。衆生の生まれ方に「四生」といって四つの生まれ方があるのです。「胎《たい》・卵《らん》・湿《しつ》・化《け》」と申します。私たちはお母さんのお腹の中から生まれる。ところが蛇は卵でしょう。鶏も卵でしょう。だから卵生です。山羊とか人間とか牛とかというのはみんなお母さんのお腹の中から生まれます。そういうのは胎生です。湿生というのは黴《かび》のような生まれ方をするものです。そしてこの四生という場合の化生というのは妖怪変化ですね。どうして生まれたのだかわからないのだけれどもそこに存在しているということ、こういうのを化生というのです。この四生というのは「六道四生」といって、迷っていく時に、そういう四生という生まれ方をするのです。

しかし曇鸞大師の言う「化生」は、こういう生まれ方ではないのです。浄土へ生まれる生まれ方を化生と言うのです。その化生を曇鸞大師は、これは「同一念仏《どういつねんぶつ》」なのだと言うのです。同一念仏は、同一の仏に念じられていることを通して、同一に仏を念じるのだということです。阿弥陀如来に念じられている。みんなが阿弥陀如来に念じられている。そのことがあってお互いに阿弥陀如来を念じることができるのです。だからわれわれが阿弥陀如来を念じる前に先立って、阿弥陀如来に念じられている、阿弥陀如来が私を念じてくださっているのです。そのように同一に念仏して、そして「遠く通ずるに、それ四海の内みな兄弟とするなり」と言われます。

同一に念仏して別の道なきがゆえに。遠く通ずるに、それ四海の内みな兄弟とするなり。

（『浄土論註』、『教行信証』証巻、真宗聖典二八二頁）

これが如来の眷属になったということです。念仏によって阿弥陀如来との関係の中に生まれてくる、それを「化生」と言うのです。だから法に依《よ》るわけです。法に目覚めていくということです。帰敬式の時、「帰依仏、帰依法、帰依僧」と言うでしょう。その時こそ化生の時なのですね。おかみそりを受けるその時こそ化生なのです。法の世界に生まれるのです。

世間というのは血のことを言うでしょう。血統ということを言うでしょう。血統を言えば必ず対立するのですね。今、世界中で民族問題が大変ですけれども、それはみんな血統問題でしょう。だから血ではなく、法、真実、そういうものに依って生きるということを選んだ。これが化生です。

そういう化生ということを明らかにした、非常に大事な和讃が葬式の時の和讃です。

如来浄華の聖衆は
　正覚のはなより化生して
　衆生の願楽ことごとく

すみやかにとく満足す

この和讃は男性が亡くなった時に詠まれていました。今は女性でも誰でも、お葬式の時はこの和讃を詠まれるのが一番いいと思います。先ほども言いましたが、素晴らしい和讃ですし、生きている時にこの和讃の心を本当にいただけたと、そういうことがあったら本当に素晴らしいと思います。生きている時にこの和讃を大事にしたいと思います。お葬式の中での和讃はいろいろあるのですけども、この和讃ひとつで十分ではないかと、この和讃がすべてではないかと、私などは思うのです。

そういうことで、和讃があって、そして回向があって終わってゆくというのが、告別式というかたちをとったお葬式なのです。

共同体信仰に抗して

お葬式が終わって、そして今でしたら火葬場へ行って火葬にするわけですが、行く時に通った道を帰る時には通らない、ということがあるのです。実際私もそういうことをタクシーの運転手に言われたことがあります。「同じ道を帰るのですか、どうされるのですか」ということを言われました。どうしてそんなことを聞かれるのかと運転手の方に問いましたら、「いつもそうしてます」と言うのです。それで、「そんなこと、気にしないで来た道でいいですよ」と言いましたら、運転手の方はびっくりされていたようでした。

それが先ほど申しました霊魂の問題なのです。その霊魂をある意味で畏れているわけなのです。つまりその死体から出た霊魂は、それはたとえ親であっても親の死んだ体から出ている霊だから、これはある意味で怖いのだというのです。そしてこれは死に穢されているのだというわけです。そういうことで、死体と一緒に霊魂を運んだのですから、来た道を帰るのを嫌がるのです。その根本は死を畏れるということにあります。死を畏れることから死を穢れとして忌むというわけです。

柳田國男もはっきりと言っています。神道というのは死を穢れとして忌むと。触穢というのは、死を畏れる、そこからきているのだと。そして、そういう死の穢れを忌まない、それが真宗門徒だと。門徒だけが死の穢れを忌まない。そのように柳田國男は言っています。

いかに死を忌み嫌うかということですが、たとえば神道の盛んなところでしたら、年の暮の二十五日が来たら、それは念仏の打ち切りなのです。それから後は念仏を口にしたらいけないのです。正月の五日を過ぎてから念仏の鉦《かね》おこし、それから念仏を初めて口にするのです。

私もそういう経験があるのですけれども、長野県の松本に行った時も広島県の呉《くれ》でもそうですね。大きな神社の祭礼があると、町中に注連縄《しめなわ》を張るのです。注連縄を張ったら、もう僧侶の衣を着てその下を通れないのです。絶対通ってはいけないという、それほど厳しい禁忌なのですね。

「禁忌」、これはしてはならないことを決めることです。神道というのは共同体信仰なのです。共同体信仰というのは怖いのです。なぜかというと、私が神道を信じているということではないのです。信じているのではないのだけれども、神道を共同体信仰として共同体が選んだという時には、その神道に「私はノーだ」と言えば、その共同体から排除されるのです。

なぜかというと、共同体が神道ということを中心にしてまとまろうとしている時に、「私は神道とは関係がないのだ」という者がそこにいると、共同体そのものが崩れていくわけです。だから共同体信仰をひとつ選んだ時に、それに対して個人として私は嫌だと言えば、嫌だと言う者を裸の王様の話のように、皆で殺すのです。あの話は、「王様は裸だ」と言ったのは子どもだからまだいいのですけれど、大人だったら必ず殺すのです。そういうように共同体信仰は、それに背く者には、最終的に神さんが罰を下されるのだというのです。

この辺りでもそういうことを言わないですか。たとえば四十九日が済んでいないのであなたは神社に参ってはいけないというところがあります。それはなぜかというと、死の穢れにある者が近づくと神さんが罰を下されるからです。罰を下すということは、個人に対しての罰ではないのです。共同体に対して罰を下すのですね。だから共同体の罰を畏れる者は、共同体の禁忌を破った者を自分たちの手で殺してしまうのです。これが共同体信仰です。個人が信じているとか信じていないとかという、そういう問題ではないのです。共同体が一つに結束するために選んだ宗教なのです。

日本では国家神道というのがありました。国家が共同体の信仰として神道を選んだということが国家神道です。ですからそこで、「いや私は神道と違う」と言ったら、非国民だといって、居るところがないほど排除されます。そういうのが共同体信仰で、特に神道の場合はそういう共同体信仰として機能するわけです。

一向宗のことをこの辺りではどうですか、「かんまん宗」と言いませんか。なぜかというと〝一向構わん宗〟というからです。だから個人でないのです。共同体で闘うわけです。個人だったら潰されるわけです。門徒は門徒として結束するわけです。そうすると力がありますから、あまりきついことも言えないなと、あそこは門徒だからといって、かんまん宗、一向構わん宗だといって、それを認めていくということです。

それは善悪浄穢をえらばない、本願に生きるのだというそういう伝統があるわけです。本願とか念仏を大事にした門徒の歴史、伝統があるのです。そういうことが現代は個人化してきているのですが、個人化すると潰されてしまうわけです。そういうことがあって門徒独自の葬式というのが伝えられてきたわけです。そういうのをきちっと見直す必要があると思います。

「白骨の御文」を読む意味

そして、「還骨勤行《かんこつごんぎょう》」です。お骨になってお内仏の前へ還ってきて、そこでお勤めをします。その時に「白骨の御文」を読むわけです。これは皆さんも知っておられると思いますけれども、「白骨の御文」というのは、後鳥羽上皇《ごとばじょうこう》の「無常講式」というのがあって、その「無常講式」を、言わばコピーしたものです。

後鳥羽上皇というのは承元《じょうげん》の法難《ほうなん》の時に、念仏者を死罪、流罪《るざい》にしたのです。安楽《あんらく》や住蓮《じゅうれん》は直ちに首を斬られます。法然上人は讃岐《さぬき》に、親鸞聖人は越後《えちご》に流罪になりました。念仏者を弾圧《だんあつ》して、殺したり流罪にしたのがこの後鳥羽上皇です。だから親鸞聖人は後鳥羽上皇を強く批判しておられます。五逆《ごぎゃく》そのものだと言っておられます。後鳥羽上皇を尊敬するからこそ、それはやはり問題だと非常に厳しく批判しておられます。その後鳥羽上皇が承久《じょうきゅう》の乱《らん》の時に鎌倉幕府と戦争して負けて、隠岐《おき》へ流されるでしょう。そして隠岐の島で念仏者になられるのです。最後に念仏者としていのちを終えられます。その念仏者になられたことを示して「無常講式」を作られるのです。その「無常講式」から「白骨の御文」が書かれているのです。

こういうことを門徒は皆知っていたわけなのです。念仏者の首をはねたその後鳥羽上皇もやはり最後は念仏者になられたのだと、本願は真実なのだと知っています。そういう真実、まことに背《そむ》くことはできないのだと、こういうことをしっかり腹に据えて念仏を相続したのが親鸞聖人在世時の念仏者なのです。

蓮如上人もそういうことをよくわかった上で、後鳥羽上皇の「無常講式」から「白骨の御文」を書いておられます。「白骨の御文」の前半は、「無常講式」とほとんど同じです。門徒が亡くなってゆき、骨になって還ってきた時に、やはり本願念仏に遇われたのだと、そして浄土へ帰られたのだと。浄土へ帰られたからこそ、自分たちのところへ還ってこられるのだと。そういうことを確認しながら「白骨の御文」を読んだのです。そして聞いたのです。「白骨の御文」を門徒の人はほとんど暗記しておられます。

ですから私は学生に言うんです。「白骨の御文」は門徒の人たちは暗記しておられるから、間違えたらすぐわかる。だから「白骨の御文」だけはしっかりと読めるようにしていないとだめだ、と言っているのです。念仏者の首をはねた後鳥羽上皇も念仏者になったのだと、そういうかたちで本当に本願を信じたのです。念仏を信じたのです。それは力になってゆくわけです。そういうものがないと、霊魂になるのでなく、本願の浄土へ帰るのだと言い切れないわけです。

いろんな力が関係してきますから、そういうものに負けない。本願力というものに遇っていないとやはり打ち負かされるのです。だけれども、本願に生きた伝統というものがあるから、それが私に大きな激励となるのです。そういうのをきちっと確認するのです。骨になって還ってこられた時に「白骨の御文」を読んで確認するのです。やはり本願は真実なのだ、念仏は真実なのだと。

縁の深い者が死んでゆくのは悲しいのです。悲しいのだけれども、その悲しみを乗り越えて勇気というか、力をいただいていく場が還骨勤行の後の「白骨の御文」です。それが門徒の人たちの身体の中に生きて、ちゃんと暗記しておられるわけです。そういう葬式が、本来勤められていたわけです。

三　追善の仏事と報恩の仏事

十五仏事

これまで、葬儀を中心にして話をしてきているのですが、では葬儀の後はどのような仏事を勤めていくのかということがあります。江戸時代の葬送儀礼を集大成した『無縁慈悲集』を読みますと、やはり「十五仏事《じゅうごぶつじ》」というものがしっかり定着しているわけです。そしてその仏事というのは、卒塔婆《そとば》を建てることなのです。これが仏事なのです。その卒塔婆にどういう経文を書くのかということや、その約束事などが書いてあります。

『無縁慈悲集』は上下二巻ですけれども、後の方はどういう経文を書くのかということが記してあるのです。そういう経文を書き間違えると、そこに鬼神《きじん》が現れるのだというのです。それで午前中は卒塔婆の影が無間地獄《むけんじごく》まで届く。午後は有頂天《うちょうてん》まで届くというのです。地獄《じごく》・餓鬼《がき》・畜生《ちくしょう》・修羅《しゅら》・人《にん》・天《てん》、これは六道です。六道を輪回するわけです。そうするとここに卒塔婆を建てて経文を書くと、午前中は卒塔婆の影が無間地獄に届き、経文が光を放ってそこで苦しむ者をたすけていくというのです。午後は有頂天まで届いて、ここで迷っている者に光を放ちながら経文がたすけていくというのです。関東の住職さんたちはお墓が境内にあって、みんな卒塔婆を建てます。関東のお墓というのは塔婆柵《とうばさく》とセットです。だから住職さんたちは卒塔婆を書くのに忙しいわけです。そういうのが仏事なのです。

そうすると、法然上人が『選択集《せんじゃくしゅう》』を公《おおやけ》にされたわけですけれども、聖道《しょうどう》の人たちはその『選択集』

を徹底して弾劾《だんがい》すると言いますか、否定するのです。法然上人が亡くなった後も、『選択集』の版木《はんぎ》を焼くとか、墓をあばくとか徹底して批判したのです。

それはどうしてかということです。法然上人を批判している栂尾《とがのお》の明恵上人《みょうえしょうにん》は『光明真言土砂勧信記《こうみょうしんごんどしゃかんしんき》』というものを残しておられます。これは何かというと、光明真言で加持《かじ》した土砂です。砂に光明真言を加持する、吹き込むわけです。そういうものを亡くなった者の墓の上にかける。亡くなった屍骸《しがい》にかけるわけです。そうすると光明真言の威力《いりょく》で、地獄に住んでいる者も必ず浄土に生まれることになるのだということが、『光明真言土砂勧信記』を読むと書いてあります。そういうことが信じられているわけです。つまり、念仏したくらいでどうしてたすかるのかということです。

日蓮上人《にちれんしょうにん》でもそうでしょう。徹底して法然上人を批判しておられるのです。念仏してたすかる、そんなものは邪道《じゃどう》であると。念仏者が国に満ちてくると国が乱れる。だから念仏者を徹底して潰していくというわけです。念仏者を一闡提《いっせんだい》とまで言っておられます。そういうかたちで日蓮上人には『立正安国論《りっしょうあんこくろん》』という書があるのです。だからそういう念仏批判は霊魂ということを前提にするわけです。仏事といっても、輪回といっても、これは非常に根深いものがあるのです。

忌み事

それで具体的な十五仏事ですが、親鸞聖人の頃でもこういう十五仏事は行われているし、根付いていているのです。これは初七日から二七日、三七日、四七日、五七日、六七日、七七日、そして百か日、一年、三年と、一応ここで終わるのは十仏事です。そこへさらに加えていくのですけれども、加え方がだいたいこの後七年、十三年、三十三年と終わっていくのが十三仏事なのです。親鸞聖人でも法然上人の十三回忌を勤めておられます。親鸞聖人が『教行信証《きょうぎょうしんしょう》』を起筆されたといわれる元仁《げんにん》元年（一二二四年）というのは法然上人の十三回忌なのです。そしてここに十七年と二十五年を加えて十五仏事となります。十三仏事にしても十五仏事にしても必ず三十三年で終わるという、これが約束事なのです。

そして江戸時代では一年、一周忌を「小祥忌《しょうしょうき》」と、このように言っています。三年を「大祥忌《だいしょうき》」、三十三年を「清浄忌《しょうじょうき》」とこのように呼びます。こういうことが『無縁慈悲集』に詳しく記してあります。

この「祥」というのは、忌み服を脱いで平常の衣服を着るということです。世間一般では、忌むということが三月《みつき》にまたがってはだめなのだと、そのように言うでしょう。七七、四十九日を勤めるにあたって三月《みつき》にまたがってはだめなのだと言います。これは京都でも人が亡くなると黒枠に入った「忌中《きちゅう》」というのが貼ってあります。忌中だから訪ねてこないようにしてくださいという意味です。それを記していないと、訪ねていって、後で忌中だったということになると問題だというのです。だからそれが記してあるわけでしょう。つまり喪《も》に服《ふく》するとか忌中だというのは、皆のところへ出かけていったりするような、いつもと同じ生活をしないということなのです。

忌中は神社に参ったらいけないというように、共同体の中でひとつの禁忌を決めるわけです。約束事、掟です。もし身内の誰かが亡くなったらみんなのところへ出てこないように、ちゃんと喪に服して忌むということなのです。それが触穢ということになるわけです。それを破ると穢れがうつるということです。しかし親が死んだからといって、忌中だからといって、家にこもっていると生活ができなくなるでしょう。それで禁忌の専門家を立てるわけです。その禁忌の専門家がお坊さんなのです。

門徒はそういうことは言いません。門徒は柳田國男が言うように、そういうことは問題にしなかったのです。しかし他宗にすれば、お坊さんは禁忌の専門家なのです。だから自分たちの代わりにお坊さんにしっかり禁忌してもらおうということなのです。祥月命日《しょうつきめいにち》の「祥」は元の生活へ戻ったということです。そういう意味があるのです。

精進潔斎

そして最終的には、この禁忌、忌むということは具体的にどのようにするのか。これが斎《さい》、潔斎《けっさい》ということなのです。忌むというのは、してはならないということを決めているのが禁忌です。そのしてはならないという禁忌は否定的な側面だけれども、してはならないというのはしなければならないこととセットになっているわけです。しなければならないのが斎なのです。禁忌の積極的な面が潔斎です。だから禁忌の「忌」も潔斎の「斎」も両方が「いむ」です。してはならないことと、しなければならないことです。

たとえば私の勤めている大谷専修学院でも親鸞聖人の命日には精進《しょうじん》をします。精進料理というのは何かというと、だいたい魚とか肉を食べないことでしょう。これは「斎」なのです。神道でも精進と言うのです。仏法でいえば仏法精進です。神道で精進と言えば潔斎なのです。これは積極的な意味になるわけです。禁忌している証拠に精進しているのだというわけです。こういう精進というのは、亡くなった者の穢れを除いていくのだというのです。民俗学ではそういうのを「浄化食《じょうかしょく》」と言います。そのようにして禁忌をする、潔斎をすると、それによって亡くなった者の穢れが除かれて浄化したというのです。これが「清浄忌」です。三十三年で完全に亡くなった者の死の穢れが除かれ浄化されたということです。その時に家の先祖様、先祖霊と合体するのです。先祖霊と一つになって、後はご先祖様として祀られてゆくわけです。

先祖崇拝

だから三十三回忌は「といきり」なのです。先祖になる。だから三十三年までは墓を建てないのです。卒塔婆を建てる。三十三年経ってはじめて家墓《いえばか》へ入れるのです。先祖墓へ入れるわけです。だから墓というのは一基《いっき》なのです。「○○家先祖代々」という一基です。みんな先祖になって一緒に祀られたわけです。これが日本の、一つの家に仏壇があって、先祖様がおられるということなのです。

このようにして、仏教と神道が重なっているのです。精進といっても神道的なこともあるし、また仏事というかたちで、やはり追善してゆくこともあるでしょう。これはそういう意味があるのです。つまり亡くなった者の霊が死体から出たという意味では穢れという問題があります。また生きている時にいろいろ罪業を作っているという意味では罪穢《ざいえ》という問題があります。死穢《しえ》と罪穢をもっている者といわれるのです。だから死穢の方を神道的に潔斎していくわけです。浄化食によって死の穢れを除いてゆく。これが精進ということの一つの側面なのです。

だけれども追善供養《ついぜんくよう》もします。追善供養することによってそのものの罪の穢れを除いてゆくわけです。それで三十三年経つと死の穢れも罪の穢れも完全に除かれたということです。そういう意味では、神道的にいえば神さんになられたということです。仏教的にいえば仏さんになられたということです。だから神さんになられたといっても仏さんになられたといっても、結局は家の先祖になられたということです。

たとえば奈良の興福寺《こうふくじ》の僧侶は廃仏毀釈《はいぶつきしゃく》の時、一番初めにもう止めたといって春日神社《かすがじんじゃ》の神官《しんかん》になられたのです。春日神社は藤原氏《ふじわらうじ》の先祖を神さんとして祀っている氏神《うじがみ》です。興福寺は藤原氏の先祖を仏さんとして祀っている氏寺《うじでら》です。氏寺・氏神、このようにして先祖として祀ってゆくわけです。その先祖になる時が三十三年だという、こういう伝統なのです。

報恩講

日本の仏事はそういう伝統に乗っかっているけれども、門徒の仏事は違うのです。どこで違うということが言えるかということですが、たとえば、親鸞聖人の三十三回忌を覚如上人は勤めています。本山の報恩講《ほうおんこう》でも、以前は本願寺の住職が登高座《とうこうざ》をして「報恩講式《ほうおんこうしき》」を拝読されるということでした。地方でも住職さんが登高座をして、「報恩講式」を読まれることがあります。

「報恩講式」というのは、覚如上人が親鸞聖人の三十三回忌の時に、親鸞聖人のことを深く憶い起こしながら、「真宗興行《しんしゅうこうぎょう》の徳《とく》」、「本願相応《ほんがんそうおう》の徳《とく》」、「滅後利益《めつごりやく》の徳《とく》」という三つの徳を一つひとつ示しています。親鸞聖人を讃嘆しながら、親鸞聖人は真宗興隆《しんしゅうこうりゅう》してくださったんだと。親鸞聖人は聖人自身が本願に相応して、本願の行者として本願を生きて私たちに本願を伝えてくださったと。最後は親鸞聖人の滅後利益、亡くなられた後、三十三年経って私たちのところへ法身《ほっしん》となって還ってきてくださったと。そういうことを示しているわけです。

その親鸞聖人の最初の引接《いんじょう》の利益《りやく》に遇いたいということです。それで、本願の教えを親鸞聖人から直接聞かせてもらいたいということを言って、親鸞聖人を讃嘆しておられるのです。これがあるので、親鸞聖人は大谷家の先祖にはならなかったわけです。「報恩講式」がなかったら、親鸞聖人は大谷家の先祖です。私たちに関係なくなるのです。「報恩講式」は、そういう意味では決定的な意味があるのです。これがなかったら親鸞聖人は、三十三年経って大谷家の先祖になられてしまい、大谷家の人の親鸞聖人になってしまって、私たち門徒の親鸞聖人ではなくなるのです。

親鸞聖人は私たちのところへ還ってきてくださったと、私たちのために今現在説法《こんげんざいせっぽう》してくださると、それが今も続いているわけでしょう。「世の中安穏《あんのん》なれ、仏法《ぶっぽう》ひろまれ」と親鸞聖人が今でも私たちに呼びかけておられる。これは法身の聖人です。法身の聖人をはっきりと確認されたのが覚如上人の「報恩講式」です。

それを報恩講のたびに門首《もんしゅ》が読まれるでしょう。その間に坂東曲《ばんどうぶし》が入ります。いつだったでしょうか、たくさん参詣しておられる門徒の人の中から「聞こえない」と言われて、びっくりしました。聞こえないのが当たり前なわけです。なぜかというと、登高座された門首が親鸞聖人に申し上げているわけですからね。

親鸞聖人と対話しておられるわけです。だから私たちも対話しなければならないわけです。最初の引接の利益に私たちも遇いたい。私たちがその場で言わないといけないのです。そういうことが報恩講です。そうでないと、あれはもう偽の門徒だと、そう言われても仕方がないと思うのです。親鸞聖人と真向かいになって、覚如上人が、そして今は門首が親鸞聖人に、どうか親鸞聖人の教えに遇いたいのだ、どうか私に教えてくださいと、そういうことを申し上げるわけです。

こういう伝統があるのです。だから親鸞聖人は浄土に帰られて、そしてそのままここへ還ってきておられる。法身です。私たちの先祖もみんなお念仏に遇ったがゆえに、いのち終われば浄土に帰り、法身となってここへ還ってきて、お内仏に還ってきて、親鸞聖人、蓮如上人と一緒に本願に遇えと、念仏を喜べと、こういうように今現在説法してくださっている。諸仏になられた先祖です。家の先祖ではないのです。たしかに家の先祖という側面もあるけれど、やはりお浄土へ帰って、そしてここへ還られた諸仏としてのご先祖なのだ。そういう諸仏としてのご先祖の声を聞かせてもらうのだ。そういう仏事があるのです。

追善の仏事ではないのです。これは報恩の仏事です。つまり亡くなった者を家の先祖にしていくための追善の仏事ではなく、報恩の仏事なのです。お浄土から私のために還ってこられたその諸仏としての先祖の声を聞いて、本願に遇う念仏者になって、報恩としての生活を始めるのだということです。念仏相続という大きな使命をまっとうするための報恩の仏事だということです。そういうことで、仏事でも二つの流れがあるわけです。追善の仏事と報恩の仏事です。その報恩の仏事の流れを見出したのが浄土真宗の門徒なのです。けれども今は、それが少し曖昧になっているところがあります。報恩講ということで伝統されているのが、追善の仏事と報恩の仏事の二つの側面のうちの報恩の仏事です。江戸時代は圧倒的に追善の仏事です。その中でも門徒は報恩講を相続してきたのです。それは報恩の仏事をちゃんと大事に守ってきたということなのです。

念仏相続

法然上人に『法然上人没後二箇条事《ほうねんしょうにんもつごにかじょうのこと》』という遺言《ゆいごん》があります。これを親鸞聖人が晩年になって、『西方《さいほう》指南抄《しなんしょう》』というものにしっかり記録しておられるのです。『没後二箇条事』の中で二つのことに触れられて、後の方で、法然上人は自分が亡くなった後、追善をしようとすることもあるだろうと。その追善の次第について述べておられます。

図仏《ずぶつ》・写経等《しゃきょうとう》の善《ぜん》、浴室《よくしつ》・檀施等《だんせとう》の行《ぎょう》、一向《いっこう》にこれを修《しゅ》すべからず。

（『定本・親鸞聖人全集』第五巻一七二頁）

皆さんも親の法事を勤めたりすると、兄弟衆がたくさんお供《そな》えされて、それで法事が終わった後、お参りされた方に配るということがあるでしょう。これは、子どもたちが親の法事にあたっていろんなお供えをして、それをお参りされた方に供養したものだといって配られることによって、いただかれた人が喜ばれるわけです。喜ばれるということは結局、親を讃嘆することになるからです。法事を勤める息子を讃嘆するのではないのです。それが親の善根《ぜんごん》功徳になる。つまり親は善根功徳を積もうと思っても、死んでしまっているわけだから、善根功徳を積めないのです。それを誰かが親のために代わりに善根功徳を積んで追善するわけです。亡くなった後、代わりに善根功徳を積んで回向するわけです。それで親の功徳が進むことによって親がたすかってゆくというのです。

覚如上人の頃は、たとえ追善しても親の実質の善根になるのは七分の一だといわれていたのです。そうすると、亡くなった後、子どもがどんなに追善を代わりにしても、親の善根功徳になるのは七分の一なのです。それで江戸時代では生きている間に葬式を出して、自分で自分のための供養をしていたのです。ちゃんと三十三年の日取りまで決めて追善をするという、そういうことが行われたのです。そうなると、自分が自分のための善根功徳を回向するわけですから、丸ごと自分のものなのです。そういうことまで実際行われたわけです。

こういうのが追善供養なのです。亡くなった者をたすけるために亡くなった者に縁の深い者が、その者の代わりに善根功徳を積んで、その者の善根功徳として回向する。それでその者がたすかっていくのだということです。蓮如上人にもそういうことを問題にした御文があります。だから子どもたちは追善してくれているのか、ということが気になるのです。

そういうことについて法然上人は、そういう追善はする必要がないと言われるのです。けれども非常に不思議です。たとえば「図仏・写経等の善」、これは少しわかります。しかしなぜ「浴室・檀施等の行」などが出てくるのか。わからないでしょう。私もわからなかったので、なぜこういうことが追善の行になるのかといろいろ調べたのです。そうしたら、まず大きな法要の時、釜でご飯を炊いて食事を振る舞う、これが「檀施」です。そして法要を勤める時にお風呂を用意して、お風呂に入ってもらうのです。実際そういう場面が絵巻などに出てくるのですが、これが「浴室」です。つまり寒い時、暑い時のお風呂、これは非常に大きな喜びです。そういうものを振舞う。そして皆に喜ばれる。それで亡くなった者の追善になっていくのだということです。

私などは子どもの時は知らなかったのですけれども、鐘撞き堂の横に小さな碑が建っていました。どういう碑なのかよくわからなかったのだけれども、確かめると、寺に火事があって本堂が焼けてしまったことがあったというのです。そういうことを知った人が、ちょうど母親を亡くしたということがあって、それでは母親の供養のために寺を建てさせてもらおうと言われたのです。一建立なのです。その人は門徒でもなかったのですが、それで住職をはじめ門徒の人も喜ばれたのでしょう。その人の記念に、碑に記して残したということです。

他宗などはこれがすべてです。しかし、門徒はそういうことをあまり言わないですね。なぜかというと、仏法に遇いなさい、本願に遇いなさいという伝統があるからです。本願に遇うように、仏法に遇うように勧めていくという、そういうことで法然上人は、私のための追善の仏事はする必要がないと言われたのです。

もし追善報恩《ついぜんほうおん》の志《こころざし》あらん人は、ただ一向《いっこう》に念仏《ねんぶつ》の行《ぎょう》を修《しゅ》すべし。

（『定本・親鸞聖人全集』第五巻一七二頁）

つまり念仏を相続しなさいと、自分も念仏を喜び縁ある人にも念仏を勧めて、共に喜んで生きなさいと、これが法然上人の言われる報恩としての仏事になるのです。それが報恩講なのです。報恩講というのは、本願を信じなさい、念仏を喜ぶ身になりなさいという、親鸞聖人の勧めを聞いていくことです。

法義相続

法然上人の場合は「自行化佗《じぎょうけた》、唯綷念仏《ゆいさいねんぶつ》（自行・化佗、唯《ただ》念仏を綷《こと》とす）」（『選択集』結勧、『真宗聖教全書』一・九九三頁）、自分も念仏を喜び、人にも念仏を喜ばせて、共に唯念仏を綷とする。「綷」という言葉を法然上人は使われました。これは「こと切れる」の「こと」なんです。息が切れることを「こと切れる」と言います。つまり息なのです。つまりいのち、念仏をいのちとして生きなさいということです。その「綷」というのはもともと縦糸という意味なのです。反物《たんもの》などを織る時、縦糸を張って横糸を差し込んでいくわけでしょう。だから縦糸がなかったら織るものが織れないわけです。私たちが生まれてきて死んでゆく一生に縦糸がないとだめなわけなのです。縦糸がなかったら一生が何だったかわからなくなります。縦糸があってはじめて、その人でないと織れない、そういうひとつの、ある意味での本当の一生があるわけです。その時に何を縦糸とするか。念仏なのです。唯念仏なのです。唯念仏を縦糸にしてどんなご縁の中での生き方であろうとも、それが自分の一生を荘厳するのだと。だから念仏を「綷」として生きなさいという、これは法然上人が繰り返し言われたことです。「自行化他、唯綷念仏」、これが念仏相続なのです。

そういう仏事があるのだということです。亡くなった者が迷っているから追善してたすけるというのではなしに、亡くなった者の願いを聞いてゆくのだと。亡くなった者の、本当にそれをいのちとして生きられたその志をきちっと受け止めて、それを相続するのだと。門徒であるならそれは念仏なのだ、唯念仏だと、念仏を相続する。そういうために仏事をするわけです。

仏事を疎《おろそ》かにしないで、徹底して仏事をするわけです。それこそ法義相続《ほうぎそうぞく》の決定的な意味をもつのです。お内仏があるということは、そういうことです。お内仏には亡くなった者たちの法名がそこに記してあるわけでしょう。親鸞聖人や蓮如上人と共に、法名が掛けてあります。そういう声を聞くということです。これが法然上人が亡くなられた後、報恩のための仏事となったのです。

法然上人は亡くなってしまわれたわけですが、亡くなってしまわれたら一応そういう遺言はあるのだけれども、そういう報恩の仏事はこれまで行われていなかったために、弟子たちの間でやはりとまどうわけです。

それで世間の風儀にしたがって七七日の仏事を勤めたのです。世間の風儀《ふうぎ》というのは世間で行われている仏事、風習です。それにしたがって中陰を勤めたというわけです。だけれども、それまでの仏事とは全然違った仏事になったというのです。それを具体的に親鸞聖人も確認して残しておられます。

親鸞聖人の兄弟子の聖覚法印《せいかくほういん》が六七日を勤めるに当たって、「法然上人御仏事表白《ほうねんしょうにんおんぶつじひょうびゃく》」というものを作成して、それを拝読してから仏事を勤められたのです。親鸞聖人は聖覚法印が亡くなった後、百か日を勤めておられます。この百か日の時に親鸞聖人は、聖覚法印の『唯信鈔《ゆいしんしょう》』をご自分で書写すると同時に、「法然上人御仏事表白」を書写しておられるのです。これが現在残っています。これは何のことはない、「恩徳讃《おんどくさん》」です。私たちは何かといえば「恩徳讃」を一緒に歌うでしょう。「正像末和讃」の最後です。

如来大悲《にょらいだいひ》の恩徳《おんどく》は
身《み》を粉《こ》にしても報《ほう》ずべし
師主知識《ししゅちしき》の恩徳《おんどく》も
ほねをくだきても謝《しゃ》すべし

（真宗聖典五〇五頁）

これが「法然上人御仏事表白」の中にそのままあるのです。それは、いつ、どこの誰であっても、本当に本願に遇うということがあるなら必ず誰でも同じく、「如来大悲の恩徳は　身を粉にしても報ずべし　師主知識の恩徳も　ほねをくだきても謝すべし」と、このように言えるということです。これがたすかったということです。

つまりある時生まれてある時死んでゆく。空《むな》しい、どう生きていいのかわからない。そういう者に、身を粉にするとか、骨をくだいて自分の全存在かけてもいいのだという仕事が見つかったということでしょう。仕事が見つかったというのはたすかったということです。仕事が見つからないのはたすからない証拠、空しいわけです。

釈尊の頃から信者たちはまず、子どもがちゃんと結婚して生涯を通す仕事が見つかるまで面倒をみる。これが親の責任だというのです。子どもがちゃんと仕事が見つかって、結婚ができて、それで親の責任を果たしたことになるのですが、それで親はもう仕事がないのかというと、そうではないのです。いよいよ本格的な仕事がある。それが法義相続なのです。これは如来さまからいただく仕事なのです。如来さまからいただく仕事を本当に身を粉にして骨をくだいてやらせてもらうのです。これが本当にたすけられたという喜びなのです。

それを聖覚法印は法然上人の六七日を勤める時に、「法然上人御仏事表白」を拝読して、ありがとうございましたと法然上人に言っておられるのです。それをそのまま親鸞聖人が和讃にしておられる。この「如来大悲」というのは阿弥陀如来、「師主知識」というのはよき人なのです。私を仏縁に結ばせてくださったよき人です。その如来大悲と師主知識、これによって本願に遇うわけです。それが自分の母親である場合もあるわけです。それが夫である場合もあるし、妻である場合もあるし、誰かわからないのです。誰かわからないけれども、念仏を喜んでおられる人が師主知識です。

そういうかたちで本願に遇ったとか念仏に遇ったとかというのは、どう生きていいかわからない空しい思いをしている者が、自分の全存在をあげて完全燃焼する。金子大榮《かねこだいえい》先生がいつも言われる完全燃焼です。完全燃焼していける、そういう一生をいただくのだということです。それが本願に遇ったことだと、それを喜んでゆく、そういう仏事を報恩の仏事というのです。

報恩講を勤めるというのは報恩の仏事なのです。江戸時代の「卒塔婆を建てて亡くなった者をたすけてやろう」という追善の仏事が圧倒的な中で、「私は如来さまから仕事をいただけた」と、こういう喜び、そういう仏事を門徒は勤めてきたのです。門徒は普段からお内仏を中心にして、ご本尊との関係の中で「正信偈」「和讃」に親しみ、如来・聖人の教えを聞き、一味の安心というかたちで、家族がお互いに御《おん》同朋《どうぼう》と言いながら、最後の最後まで苦労を共にしたのです。それをまっとうできるのは、お内仏で教えを聞いたからなのです。そういうことがなかったら家族はばらばらです。

現代は親が寝る時に枕元にバットを置いているというのです。その方にどうしてですかと聞くと、息子が高校生で私以上に体格が良いと。そしてよくトラブルが起きると。そうすると、夜中に息子に襲われやしないかということで枕元にバットを置いて寝ているというのです。家中がそんな状態だというのです。

しかしバットを持って、襲ってきたらその息子と渡り合うなどと、そんなことを言っていたら問題の解決はつかないのですよ。信頼関係が壊れているのですから。自分を守ってしまうのですから。だから本当に人間の信頼関係というのは、「お父さんを殺して気が済むなら殺せ」と、そのくらいのことを言わないかぎりだめです。そこまで現代は問われているわけです。息子のことを本当に思わないかぎり言えないですよ。そういうところを門徒はお内仏で育てられるのです。

はじめの問題提起にあったように、家の中にお内仏がなくなっているということは、それはある意味で親の責任だと私は思うのです。息子になぜ三折本尊でも渡さないのかと思うのです。これは法義相続です。ナンマンダブツと申す場所があれば、もう三折本尊で十分です。そこで手を合わせる。どこか頭の下がる場所がなかったら人間はたすからないと、頭が下がる場所がご本尊の前だと、そこで本当に生まれ変わるのだと。真宗門徒はお内仏があることによって、そういう大変大事な学習をしたのです。

そういうことがあってのお葬式であるし、そういうことがあってのその後の仏事なのです。一貫しているのは念仏相続ということです。そういう意味をもった大事な葬送、また後の仏事なのです。

四　真宗の教学と葬送儀礼

葬送儀礼の仏事

真宗の葬送儀礼を中心にして集中的に見てきているのですが、まず、習俗化した神道をベースとした葬送儀礼の問題がありました。仏事がなぜそうなっているのかということを明らかにしようと思って見てきたわけです。つまり門徒の葬送儀礼の仏事が他宗と違った葬送儀礼の仏事として行われている、その意味を明らかにしたいということで見てきたわけです。

それから、現代という時代状況の中で、檀家制度はほとんど崩れてきています。しかし、過疎化とか都市化ということが進んできている状況の中でも、やはりいつでも人は亡くなっていくという現実がありますから、その時にどうするのかということです。

葬儀屋さんの主導するかたちで行われる葬送儀礼がどのようになっているのかということを、きっちりと事実を見極めた上でなお、真宗門徒としての葬送儀礼、仏事をどのように具体化していけるのかということです。そういう非常に大きな問題を早急に示さないと、一挙に崩れてしまうという危機感もあるわけです。はじめの問題提起を聞いていましても、個人ではどうすることもできませんから、やはり教区なら教区、宗門なら宗門としてどうするのかということを、最終的に早くきちっとしておく時期になっているのではないかと思います。

一番はじめにも言いましたように、やはり真宗門徒は真宗門徒になっていくのだということを抜きにして、いくら今の葬送儀礼を問題だと言ってみても、やはりそれは体質化している習俗ということの中で流されてしまいます。そういう意味では、やはり門徒は門徒として、一人ひとり、また皆で親鸞聖人の教えと真向かいにならなければと思うのです。

その中で教えにふさわしい、そういう現代における葬送儀礼のあり方というものをどのように具体化できるのかということです。そういう意味では、門徒が門徒になる、まずは教えをしっかりと聞くということです。かたちに表れているのは習俗化して流されてしまっているのだけれども、その中で教えにかなう、そういう葬送儀礼、仏事をどうするのかということが大切なのです。

同朋会運動

では、最後に真宗の教学と葬送儀礼ということを考えてみたいと思います。

戦後、昭和三十六年に、親鸞聖人の七百回御遠忌《ごえんき》があって、その後続けて同朋会運動が始まりました。親鸞聖人の教えのもとに帰ろうということで、「家の宗教から個の自覚の宗教」というようにして同朋会運動が始まったのですけれども、いろいろ、教団問題などを抱えながらも、それをみんなで乗り越えて、そして新しい宗憲が作り出されたのです。これが第一期の同朋会運動です。そのひとつの総括として新しい宗憲ができたわけです。

そこから、その新しい宗憲に従って門徒が門徒になりながら、新しい宗憲を中心にした教団づくりがどうできるのかという、そういうことが第二期の同朋会運動になるわけですけれども、そのことがなかなか容易でないというのです。

だいたい宗憲が新しくできた時に、その伝達のための講習会が開かれたのですけれども、たちまち壁にぶつかったということで、講習会が途切れてしまったのです。新しい宗憲の一番根本は、皆さんもよく知っておられるように、ひとつは門首制です。もうひとつは帰敬式です。門徒は帰敬式を受けてということと門首制ということ、これが宗憲の基本になるわけです。

門首制ということが、どういうことであるのかと、一人ひとりがそういうことであるのかとわかって、自覚化し、それを課題化して始めていけるのかということが、非常に大きな問題なのです。門首制とは言っているけれども、実際はそれを棚上げにしてしまうということであれば、何も変わらないということです。これを始めていくには、門徒一人ひとりが自覚化、課題化しなくてはいけないという、そういう問題があるのです。

門首制ということは、これまでの檀家制度そのものを否定的にとらえて、親鸞聖人の教えにかなう、そういう教団づくりをしようということになるわけなのです。ですからこの門首制そのものが、檀家制度そのものを否定する側面があるのです。放っておいても檀家制度は崩れてきているのですけれども、それを積極的に、自覚的に、課題的にとらえて、新しく始めようということです。それが門首制ということの意味なのです。

法主と門首

門首制になる前は、本願寺の住職は善知識《ぜんじしき》であって、法主《ほっす》であるということだったのです。つまり法主信仰です。そういうものが実は檀家制度を支えていたものなのです。門首制というのは、そうではないのだと。門首は、もう本願寺住職とも言わないのだ、善知識とも言わないのだと。だから法主ではないのだということです。

そうすると、本来、本願寺という前に、親鸞聖人のお墓が廟堂《びょうどう》になって、そして親鸞聖人の血統をひかれた人たちが留守職《るすしき》を名のっておられたわけです。つまりお墓守《はかもり》なのです。蓮如上人も、本願寺を相続して、親鸞聖人の御一流《ごいちりゅう》を復興したいということを願われた時は、留守職を名のられるわけなのです。その留守職に戻られたということが、実は門首という意味なのです。つまり如来・聖人のお給仕をする者というわけなのです。皆さんも我が家のお給仕をされていると思います。そのお給仕というのは、花が枯れれば立て替えるとか、御仏飯《おぶっぱん》をお備えするということが、お給仕といわれているかもしれないのですけれども、本来は如来・聖人の教えを、教命《きょうめい》を聞いていくということ、これがお給仕なのです。如来・聖人の教えをしっかりと聞いていく、そして如来・聖人の弟子になっていくということがお給仕なのです。

だから本願寺の住職が、善知識や法主ではなしに門首であるということは、むしろ宗祖親鸞聖人こそが、われわれにとっての善知識であるという、その親鸞聖人の教えを、しっかりと門徒の首座に身を置いて聞いていくという意味です。門徒の先頭に立って、宗祖親鸞聖人の教えを聞いていくと、「自信《じしん》」するということです。「自信」ということを抜きにして「教人信《きょうにんしん》」ということはないわけですから、「自信」こそが「教人信」であるわけです。そういうかたちで、法義を相続するということが留守職の使命なのです。覚如上人はその留守職ということを受け継がれて、積極的に「自信教人信《じしんきょうにんしん》」ということを徹底していかれたのです。

ですから、留守職こそ門首という意味なのです。これは道場というような意味になるわけです。浄土真宗の寺は、寺という側面と道場という側面と、この二つの機能をもっているわけですが、その道場の側面ということをしっかりと課題にされて、蓮如上人は親鸞聖人の御一流を再興されたということです。戦後もそういう親鸞聖人の教えのもとに帰ろうということで、同朋会運動が始まったわけです。その寺の道場の側面ということがしっかりと明らかにされてきた。それが真宗本廟ということです。真宗本廟とは、根本道場ということです。そうして、親鸞聖人が亡くなられた後の原初の教団に帰っていったということがあるのです。

しかし、覚如上人の時でも、蓮如上人の時でも、本願寺というかたちで寺を公に名のる場合には、必ず天皇の勅許《ちょっきょ》とか、国家の承認というかたちを取らないと正式な寺にならないわけです。それが勅願所《ちょくがんしょ》ということです。以前は阿弥陀堂に亀山《かめやま》天皇の天牌《てんぱい》が奉安《ほうあん》してあったのです。なぜかというと、これは本願寺が勅願所になった時に、亀山天皇の勅許によって勅願所、つまり寺になったということで奉安していたわけです。

檀家制度

そういうことで、檀家制度というのは寺ということを前提にしての檀家制度なのです。そして江戸時代の檀家制度の仕組みというのは、非常に巧妙に仕組まれているわけなのです。それがずっと江戸幕府以来三百年、こういうものを守ってきたわけなのです。

明治維新というのは神道系の思想によっています。それで檀家制度は維新の時に、明治新政府によって一新すると、何もかも新しくするということで廃止されるわけです。檀家制度を廃止すればどうなるかというと、神道を中心にすればいいわけです。これが氏子制度です。ですから、寺との関係ではなしに神社との関係の中で、それまで寺請《てらうけ》してもらっていたのが、今度は神社に請けとってもらうということが明治維新の最初に行われたわけです。

その時に門徒が立ち上がって、それを阻止したということで、それは潰されたわけです。それほど、檀家制度を変えれば一新するといわれるほど徹底したのが、江戸幕府の宗教政策でもあったし、大衆操作でもあったわけです。

それはどういう構造になっていたのかというと、やはり天皇というものを中心にするわけです。天皇を中心にして、幕府・将軍、そして民衆・大衆です。こういうのはひとつの権力です。権力による民衆・

大衆の統治です。ですけれども、権力だけでは大衆というのは統治できない、抑え切れないのです。力で抑えようとすれば、力で反撥するということがありますから、力だけでは非常に不安定なのです。それで檀家制度ということが仕組まれたのです。

血統信仰

その檀家制度を整える上で大きな意味をもったのが、門跡《もんぜき》制度です。寺といってもその寺に門跡がおられるという寺を門跡寺院といいます。東本願寺も西本願寺も、門跡寺院だったわけです。どうしてそういう門跡寺院になれたのかというと、門跡というのは、これは、天皇の血を引く者なのです。その者がその寺の住職になると、門跡というわけです。つまり皇族がその寺の住職になられた時に門跡といい、その寺を門跡寺院というわけです。

どうして東本願寺とか西本願寺は門跡寺院になれたのかというと、ちゃんとわけがあるのです。顕如《けんにょ》上人の時に、九条家の当主と猶子《ゆうし》関係というものを結ぶわけです。猶子というのは、血は繋がってはいないのだけれども、親子の関係を結んでいくということで、当時は猶子制度というものがあったのです。自分の親に差し障りがあるということになると、親がいても別な親代わりの人を立てて、その親代わりの人と親子関係を結ぶ、これを猶子というわけです。

九条家というのはこれは五摂家《ごせっけ》といって、天皇の血を直接引いているということではないのだけれども、天皇家の親戚で非常に近いのです。それで九条家の当主と親子関係を結ぶということで、門跡になれたわけなのです。だから親鸞聖人の血を否定したわけです。親鸞聖人の血を否定して九条家の血というものを立てたのです。これが門跡です。それがずっと明治まで続き、これが西本願寺へ続いていくわけです。西本願寺は九条家との間で猶子関係を結んで、そして門跡になっていきました。東本願寺の場合は、教如上人《きょうにょしょうにん》が別流というかたちで、西本願寺とは別に東本願寺を立てられたということで、近衛家との関係の中で猶子になられて門跡になっていかれたというわけです。だから明治まで大谷家というのは近衛家と親子の関係を結んで門跡になっていたのです。

明治になって、門跡制度はなくなるのですけれども、今でも「門跡」ということを言われる時があるでしょう。門跡寺院という制度はもうないのです。ですけれども、なぜ門跡ということを言うのかというと、これは権威ということがあるからなのです。なぜ権威なのか。これは天皇の血ということを絶対化するわけです。天皇の血というものを中心にしていく。そういう血の秩序、こういうのを血統信仰というのです。血統信仰というのはどこへ根拠を置いているのかというと、これは天皇の血ということなのです。

だから、門跡であるという、そういう意味での本寺《ほんじ》です。これは本願寺なら本願寺ですね、東でも西でもです。門跡として本寺があり、そしてその門跡との関係の中で、住職になり、寺を名のるという、そういうのを末寺《まつじ》と言っていたわけです。今はもう本末ということを言わないのです。だから「本山」と言うのも少し問題があるかもしれないのですけれども、慣例化しています。

これが本末制度です。宗教的権威そのものをもって、門跡・本寺、末寺となり、本願寺の住職、末寺の住職、そして民衆、大衆の秩序を整えていくということです。幕藩体制《ばくはんたいせい》でいえば、将軍と本願寺の住職がイコールになるわけです。そして大名と地方の末寺の住職とが民衆というものを統治していくかたちです。こういう構造が檀家制度なのです。これがまた寺というものの構造なのです。

寺のある側面には、そういうひとつの流れがあるのです。ですから江戸時代でしたら、寺が公になる時は、まず本願寺を立てて、本願寺の末寺だと名のる。それから本願寺で得度して僧侶になるわけですが、それだけでは僧侶でもないし、寺でもないのです。公にならない。それが藩で認められるとか、最終的に国家、天皇に認められて初めて、正式な寺、正式な住職になるということは特別な意味があるのです。

江戸時代に正式な僧侶、正式な寺の住職になると身分が別身分になるわけです。つまり、一般身分でなしに寺社身分になるのです。お寺さんは違うのだということを、江戸時代は身分として言っているわけなのです。

だけれども、本願寺で得度したと、本願寺で寺号をいただいたといっても、檀家がないと正式に認められないのです。そういうシステムがあるのです。だから公に寺にならないという時は、それは道場です。そして道場坊主です。これを「毛坊主《けぼうず》」と言うのです。

だから寺請というようなかたちを正式にしているという場合は過去帳があるのですけれども、寺請というようなことを正式にしてないということであれば、過去帳がないわけです。そういう全体の仕組みの中での檀家制度だったのだということです。

ですから、単に本願寺の住職は善知識様であると、そして、法主様であると、こういうことを言っても、本願寺に関係のある門徒にかぎっては善知識様ということですけれども、日蓮宗の人であるとか曹洞宗の人にとっては、誰なのかということになってしまうでしょう。だけれども、門跡ということになると、日蓮宗の人であっても曹洞宗の人であっても、天皇の血を引かれた人という意味では、一番の権威なのです。だから今でも、門跡制度がないにもかかわらず、「門跡様、門跡様」と言ってしまうことは、どれだけ血統信仰ということをみんながもっているかということです。

新宗憲の意義

そういう中で、初めて親鸞聖人の教えをしっかりと聞いて、そして道場ということを問題にしたのが同朋会運動です。法主ではない、門首だということを明らかにしたのです。寺という側面と道場という側面をもつ、これが浄土真宗の寺なのです。他宗はそういうことはないのですが、その道場の側面でこそ、真宗の門徒というものが育つのです。

たしかに勅許とか、そういうのはもうないわけですけれども、今は宗教法人法でしょう。宗教法人法によって、寺が初めて公になるのでしょう。これは、言ってみれば税金問題なのですけれども、そういう意味では、今は宗教法人というかたちで国家に管理されている面もあるのです。だけれども、真宗本廟は根本道場《こんぽんどうじょう》だと、そういうことが新しい宗憲の中で示されているのです。門首制ということをしっかりと見ていないと、「血統」ということがすべてになってしまいます。しかし道場ということになれば、重要なのは親鸞聖人の教えです。これは血統ではなく「血脈」です。血脈を相続するのです。血脈というのは法脈《ほうみゃく》のことです。親鸞聖人の明らかにしてくださった、本願念仏《ほんがんねんぶつ》の仏法に一人ひとりが遇っていくということが、血脈を明らかにしていくということです。

これが帰敬式という問題になるわけです。帰敬式という問題は血脈を明らかにする、法脈を明らかにするのであって、単なる血統ではないのです。新しい宗憲では、「門首制」と、「門徒は帰敬式を受ける」と、このように謳われています。それを本当に生活化するということは、ある意味では、檀家制度の問題を自覚的に乗り越えていくというような、そういう問題になるわけです。だからなかなか容易ではない問題なのです。

新しい宗憲をもったということをどこまで生活の上に証明するか、ということが第二期の同朋会運動なのです。そういう中で初めて、真宗の葬儀、真宗の葬送儀礼も問題になっているのですね。問題の原点というのはそこなのです。そこを問わないで、真宗の葬送儀礼や仏事ということを言えば、体質化しているその習俗というものを乗り越えることができないのです。ものすごく難しいですね。

民族・国家を越えて出会う

私も直接体験したことですけれども、大谷専修学院に長く居ますと、いろいろな方が入学されます。韓国からも来られたし、ブラジルや台湾、中国からも来られたのです。インドからも来たいといって訪ねて来られたのだけれども、そのインドから来た人だけはついていけないと言って辞められました。それは何かというと、食事なのです。肉食、それがやはりできない。そうすると、学院は全寮制ですし、食事もみんなで作って食べるわけですから、それがついていけないということで、辞められました。とても残念でした。

中国から来ていた学生などは、如来の眷属功徳の「同一に念仏して別の道なきがゆえに。遠く通ずるに、それ四海の内みな兄弟」（『教行信証』証巻、真宗聖典二八二頁）という、この言葉に非常に感動したのです。特に「四海の内みな兄弟」、これは『論語』の中にある言葉だと言うと、余計にびっくりしていました。〝ああ、自分たちの先祖がもうすでにそういうことを言っていたのか〟と、そしてそれを、親鸞聖人がちゃんと明らかにしてくださったのかと、非常に感動したわけです。つまり、民族とか国境を越えて、出会える世界があるのだということです。それは念仏ということでしょう。またそれが法脈ということです。

ところが、韓国から来た学生などは、非常に親鸞聖人の教えを真っすぐに聞いたわけです。それで卒業する時に、縁があったのだから、国へ帰ったら親鸞聖人の教えが根付くように少し苦労してくださいと言いました。そうすると、「いや、それは先生だめなんだ」と言うのです。韓国へ帰ると、やはり親鸞聖人も日本人だから、あまり親鸞聖人、親鸞聖人と言えないのだと、その韓国から来た学生が言いました。それほど厳しいのです。それほど厳しい問題があるのです。

私たちはあまり歴史を見ないですけれども、たとえば創氏改名《そうしかいめい》ということがあるでしょう。戦争中、韓国の人は、創氏改名というかたちで姓を変えさせられてしまって、日本人としての姓名を名のらされて、そして天皇に忠誠を誓うということを押し付けられた、ということがあるのです。

そういうことを私たちはあまり知らないですね。韓国へ帰ったら、親鸞聖人、親鸞聖人と言えない。親鸞聖人は日本人だ。だからそう言えないということを知らないのです。親鸞聖人の教えをよく聞いていても、韓国の人がなぜそう言うのかという問題です。

けれども、その卒業生が最近訪ねて来て、やはり親鸞聖人の教えを韓国で開教したいと相談に来たのです。卒業してからもう何十年と経ってからです。それはやはり、親鸞聖人の念仏の教えの中に民族の問題を越えているものがあるのです。「正信偈」がそうでしょう。龍樹《りゅうじゅ》、天親《てんじん》はインドの人です。曇鸞《どんらん》、道綽《どうしゃく》、善導《ぜんどう》は中国の人です。源信《げんしん》、源空《げんくう》は日本人です。だから三国七高僧《さんごくしちこうそう》というのは、民族とか国家を越えているということです。

本願の教えは「正信偈」ひとつ読んでも、そういうように民族とか国家を越えるのです。現代の一番厳しい問題は民族問題です。宗教問題というものも、民族問題と重なった問題です。民族問題が一番厳しいでしょう。それを越えるという、そういう教えです。だから、しっかり聞けばわかるのです。しっかり聞けば、本願念仏の教えというものがどれだけ尊い教えであるのか、どれだけ皆が求めている教えかということがわかるのです。

だから、そういう法脈というものをしっかりしていこうということを、蓮如上人も真宗再興をする時に大事にされたのです。同朋会運動もそれを大事にして始めようとしたわけです。そして新しい宗憲まで来たわけです。それを本当に根付かせていくという時に、やはり体質化しているものを自覚的に開いていく、課題にしていくということがないと消えてしまいます。

報土としての浄土

そういうことが根本で、門徒が門徒になっていくという時に、どうしても教学的に、親鸞聖人の頃からすでに、浄土に往生するということが大きな問題となっていました。つまりこれは、浄土真宗ということですから、その浄土ということが教えの中心になるわけです。そして、親鸞聖人が浄土を問題にされる時には、本願酬報《ほんがんしゅうほう》の報土《ほうど》としての浄土ということを問題にされるのです。

蓮如上人も浄土を言われる時には必ず「報土」と言われるでしょう。

いかなる女人なりというとも、もろもろの雑行《ぞうぎょう》をすてて、一念に、弥陀如来《みだにょらい》今度の後生《ごしょう》たすけたまえと、ふかくたのみ申《もう》さん人は、十人も百人も、みなともに弥陀の報土《ほうど》に往生《おうじょう》すべき事、さらさらうたがいあるべからざるものなり。

（『御文』五帖目第二通、真宗聖典八三三頁）

弥陀の報土、真実報土です。本願に酬報するというのは、報《むく》われる、応《こた》えられた、本願成就した報土なのだということです。如来の本願が報われたかたちで成就している浄土というのは、本願を信じる者の上にしかないわけです。本願を信じる者の上にしか、その本願酬報の浄土は成就しない、実現しないのです。本願を抜きにして浄土などないのです。親鸞聖人が浄土と言われる時には、報土としての浄土なのだということをしっかりと聞いていくということが大事なのです。

しかし本願を抜きにして浄土ということを言えば、その人が自分の思いで作り上げた浄土です。こういうのは幻想《げんそう》です。だから私たちは浄土、浄土と言ってはいるのだけれども、本願酬報の報土としての浄土が問題になっているのかということなのです。本願を抜きにして浄土と言えば、めいめい勝手な浄土です。またそれは必ず実体化されるのです。実体化された浄土、そういうのを「化土《けど》」と言います。

実体化された浄土

本願を抜きにした浄土について、源信僧都が『往生要集《おうじょうようしゅう》』で明らかにされています。そこで「浄土の十楽《じゅうらく》」というかたちで問題にされている浄土というのは、本願を抜きにした、本願に酬報された浄土ではないのです。しかしこういう浄土が、日本人に一番親しまれて身についているのです。

だから浄土という時に、日本の伝統の中では二つの浄土があるのです。源信僧都が問題にした浄土と、親鸞聖人が明らかにされた浄土です。親鸞聖人が明らかにされた浄土は、天親菩薩と曇鸞大師の流れを汲む浄土です。つまり、天親菩薩の『浄土論』と曇鸞大師の『浄土論註』、これを通して明らかにされた『大経』の浄土です。それが本願酬報の浄土なのです。

本願酬報の報土としての浄土を徹底して課題にされたのが親鸞聖人なのです。源信僧都が問題にしている浄土というのは本願抜きですから、非常に幻想された、そして非常に実体化された浄土ですが、これの方がわかりやすいわけです。そういう意味で、親鸞聖人の頃は、親鸞聖人が明らかにされた浄土ということで、みんなわかったように思われるのだけれども、しかし、いよいよ死んでいく時が近くなると迷われて、みんなまた源信僧都の浄土の方に帰られるのです。実はこれが善鸞事件《ぜんらんじけん》なのです。

善鸞事件は、つまり臨終《りんじゅう》に来迎《らいこう》があって、そして初めて往生していくという、こういう教えは第十九願の教えです。それを「体失往生」というのです。この「体」というのは煩悩成就《ぼんのうじょうじゅ》の身です。そういう身を失う、穢体亡失《えたいもうしつ》する時、いよいよ死んでいく時に、お浄土から来迎があるということが言われるのが第十九願の浄土なのです。けれども、誰にでも来迎があるわけではないのです。善根功徳《ぜんごんくどく》を積んだ善人にかぎって来迎があるわけです。

本願ということで言えば、我が名を称《しょう》するものを迎えとらんという、そういう約束を信じて、念仏申すのです。そこに本願ということがあるのです。本願を信じるというのと、善根功徳を積むというのとは全然違うのです。しかも、その来迎が必ずあるのかというと、それは私たちの方では決められない。だから一所懸命に回向するわけです。善根功徳を回向する。善根功徳を積んで、それを回向して、そして来迎を待つわけです。

だけれども、どんなに善根功徳を積んで、回向しても、それでよしということを決定するのは私たちの側ではないのです。これだけ回向したから大丈夫ということはないですよ。回向する側には決定権はないわけです。回向する側に決定権がないということは、もうそれでいいだろうという決定権は、回向される側にあるわけです。だから、その時にならないとわからないわけですから、これはものすごい不安です。

もう息を引き取るという、その時になってみないと、本当に来迎があるのかないのかと言えないのです。だから不安と、非常な恐怖があるわけです。だからそういうのは、往生について不定《ふじょう》なのです。往生不定です。臨終に来迎を受けて往生するという、そういうのは必ず往生ということはないわけです。定まらない。これほど不安なことはないのです。どっちかわからないということほど不安なことはないのです。

そうすると、どこかで安心したいという、そういう思いがあるのです。そこで、必ず善知識を立てるわけです。この善知識は阿弥陀如来だと、このように言えないかぎり善知識にならないのです。その人が善知識だということは、その人が阿弥陀如来だということを思えて初めて、善知識になります。つまり決定権があるわけでしょう。われわれの往生についての決定権、それは阿弥陀如来にあるわけです。迎えに行くか行かないかは、阿弥陀如来が決められることですから、決定権は阿弥陀如来にあるわけです。だけれども、その阿弥陀如来が臨終に来られるか来られないかわからないわけだし、自分が往生できるかどうかわからないわけですから不安です。その不安を解消するために善知識を立てるのです。その人を阿弥陀如来だというようにしておいて、その人から往生を請け取ると言ってもらう。往生を請け取るというのは、往生を約束するということです。あなたの往生を約束すると、そのように言ってもらうことによって安心しようとする。これを「善知識だのみ」というのです。そうすると、一応、不定ではなしに正定《しょうじょう》になるわけです。

だけれどもこれは、言わば、闇取引をしているわけですから、これを邪定《じゃじょう》というのです。第十九願というのは邪定聚《じゃじょうじゅ》なのです。不安だから安心したい。それで、阿弥陀如来であるとされる善知識を立てて、その者との関係の中で往生は間違いないと、ひとこと言ってもらうことによって安心する。けれども、それはよこしまに決めたという邪定聚です。邪定聚というのは、一番これは救われないわけです。不定ということが大事なので、健康なのです。邪定聚というのは一番不健康なのです。たすかってないのに、たすかったということにしてしまうということが、一番問題なのです。たすからないというところで、まだあがいている方がいいわけです。

だから、念仏の教えは体失往生なのか体失せずして往生するという不体失往生なのかと、こういう問題が親鸞聖人の頃にあったわけです。しかし、親鸞聖人は浄土真宗の往生は不体失往生だと、体失せずして往生すると言われたのです。それは念仏往生であるし、浄土真宗だと言われるのです。ではどこで不体失往生ということが言えるのか。ここに回向という問題があります。

如来回向の真宗

問題提起の中にもあった「回向の真宗」、その回向というのは「如来回向の真宗」ということです。一番大事な親鸞聖人の教えは「回向の教学」と、法然上人の教学は「選択の教学」と、このように言われるのです。選択の教学というのは、結局、念仏でたすかるということです。行について、諸行を廃《はい》して、そして念仏を立てるということです。行について「選択」というのです。これは法然上人の教学です。それは『選択本願念仏集』を著された法然上人の大きな仕事です。

だから、どれだけ法然上人が聖道自力の人たちから憎まれたかということです。すべて諸行でたすかると思っている聖道自力《しょうどうじりき》の人たちが、それを全部否定されてしまったわけです。だから、非常に法然上人を憎んだのです。つまり諸行を衆生往生の行とする立場からの非難です。往生といいますが、往生が根本ではないのです。如来の浄土へ生まれることによって成仏するという。浄土へ往生することを通して、成仏ということをまっとうしていく。根本は成仏なのです。だけれども、いきなり成仏はできない。往生することを通して成仏をまっとうするということです。

その時に、その衆生《しゅじょう》往生の行としての念仏、これは如来によって選択された、如来の選んでくださった行という意味なのです。つまり、いつでも、どこでも、誰でも、ということです。そういう行です。たとえば、「孝養父母《きょうようぶも》」といって、親を大事にする者は浄土へ迎え取ろうというように世福《せふく》の行が説かれます。しかし、もし、衆生往生の行が孝養父母ということで選ばれていれば、親のないものは孝養もできないわけです。たとえ親があっても、その親を孝養できないものは往生できないということになるでしょう。そうすると、阿弥陀如来は一切衆生を平等に浄土に往生させてたすけようという、そういう本願をもたれながら、たすからない者が出てしまいます。そうなれば、阿弥陀如来の本願そのものが成就しないでしょう。

「選択」というのは、選び捨て、選び取るということです。だから孝養父母では、誰でもがそれを行うことができない。そうすると往生できない。そうすると、一切衆生を平等にたすけたいという如来の願いそのものも成就しないから、これを捨てたわけです。

それから「慈心不殺《じしんふせつ》」という、つまり慈悲《じひ》の心をもって命あるものを殺さないという、誰でも願うことです。けれども、慈心不殺をもって衆生往生の行ということになれば、殺してしまった者は往生できなくなります。そうすると、如来が一切衆生を平等にたすけたいという願いも成就しない。そうすると、いつでも、どこでも、誰でもたすけるという、そういう行にならないということで、これを捨てられたのです。

だから、殺した者は往生できないということではないのです。親不孝する者は往生できないということではないのです。いつでも、どこでも、誰でもたすける行、それは念仏だと、称名念仏《しょうみょうねんぶつ》だと。そうすると、たもち易い、称え易い、いつでも、どこでも、誰でも、念仏はできる。そのことにおいて、一切衆生の往生だということができるのです。

そのようにして、諸行を捨てて念仏を立てられたというわけです。念仏一行を衆生往生の行として立てられた。念仏こそ往生の行だということをはっきり示されたのが法然上人の選択の教学です。「選択本願弘悪世《せんじゃくほんがんぐあくせ》」と「正信偈」にありますが、そのことを言っておられるわけです。その「選択の教学」というのは行についての選択です。浄土へ往生して、仏になっていこうと願うかぎり、それは念仏でいくのだということです。

『歎異抄《たんにしょう》』に、「いずれの行もおよびがたき身なれば」と述べられています。それは、いろいろの行をやってみても、やはりそこにまっとうできないことがある。そういうことを通して、「雑行《ぞうぎょう》を棄《す》てて本願《ほんがん》に帰《き》す」（『教行信証』後序、真宗聖典三九九頁）という、回心《えしん》というのはそういうことです。念仏を取るのです。これは「廃立《はいりゅう》の教学」です。雑行を棄てて、念仏を立てると。まず、ここから始まるのです。

如来が衆生往生の行として、念仏を選択してくださったのだと。だから門徒というかぎり、なぜあなたは、題目でなしに念仏なのかと、なぜ「南無妙法蓮華経《なむみょうほうれんげきょう》」でなしに「南無阿弥陀仏」なのかと聞かれた時に、そこに「選択」ということがあるのだと。如来が私をたすけたいという願いの中で、念仏を選んでくださったと。その、念仏によってたすかろうと願っているのだと。そういうことをはっきりしていくということです。諸行を捨てて、念仏を取ったという廃立ということをはっきりしていくのです。

親鸞聖人は、法然上人の選択の教学、廃立の教学を通して、念仏に縁をもったのです。ここからもうひとつ深い問題が出てくるわけです。それは、念仏をやはり手段にしてたすかろうとするという問題です。これが自力の回向なのです。自力の回向という問題です。

自力の回向ではないのだと、如来の回向だということをはっきりしていくのが信心《しんじん》ということです。信心の問題というのは、如来が衆生往生の行として念仏を選んでくださった、縁ができたのだけれども、それを疑うという問題です。だから浄土宗というのはみんなそうでしょう。百万遍《ひゃくまんべん》念仏というでしょう。なぜかというと、諸行ではない念仏なのだけれども、その念仏を回向するわけです。多く申して、つまり念仏が衆生往生の行として特別な行だから、その特別の行を自分が浄土へ往生するために回向していくということです。

本願を疑う心

念仏が浄土往生のたねになるのか、ならないのかという問題があったのです。念仏申すと、その念仏が地獄へ堕ちる業であるなら止めなければならないわけです。それに対して親鸞聖人は、はっきり言っておられます。

念仏は、まことに浄土にうまるるたねにてやはんべるらん、また、地獄におつべき業《ごう》にてやはんべるらん。総じてもって存知《ぞんじ》せざるなり。

（『歎異抄』第二章、真宗聖典六二七頁）

親鸞聖人がそう言っておられるのは、念仏は本当に浄土に生まれるたねなのですか、それとも地獄へ私たちを堕《お》とす業なのですか、もし地獄へ堕ちるような業であるなら、私は念仏を棄てなければならないと、門徒の人たちが言ってきたからです。

それは、如来の本願の念仏は、そこに衆生をたすけたいという如来の願いがこもっている。その本願の念仏であると、本願の名号であると。それを信じきれない、疑うということから起きている問題なのです。ですから、念仏を取った上で、やはり信じきれない、疑うという問題があるのです。

念仏を回向しても、本当に意味があるのかと思うのです。九官鳥《きゅうかんちょう》でも「なんまんだぶつ」と言えるわけですから。そうすると、九官鳥でも言える、そんな念仏が本当にこの私を浄土へ往生させる行になるのかと疑う。それは本願というものをよく聞いて、信じるということがないかぎり、必ず疑うわけです。

そういう疑いを破るのです。それが諸仏・善知識なのです。それが本当の意味での諸仏・善知識なのです。諸仏・善知識というのは、念仏に遇いながら本願を信じきれないで疑っている、その私たちの疑う心を導いて、本当によく信じることのできるものに育ててくださる。それが諸仏・善知識なのです。

それを親鸞聖人は第十七願の「諸仏称名《しょぶつしょうみょう》の願」といわれるのです。さらに第二十二願の「還相回向《げんそうえこう》の願」というのは、これは本願を疑うその私たちの疑いの心の深さを、念仏申せと言って勧めるだけではなしに、手取り足取りして教えてくださる、そういうのを還相の菩薩というのです。そういう手取り足取りしながら、疑っている心を破ってくださる。そういう善知識を通して初めて、その疑いの心を破って、本願を信じる、決定するということです。

本願を信じる信心

その本願を信じる信心が決定する時に、本願酬報の浄土が私たちの上に成就してくるわけなのです。本願であるから、我が名を称するものを迎えとらんということですから、信じるものの上に本願酬報の浄土は成就する。だからこれを不体失往生というわけです。そういうことが、教学の上でも一番大事なこととして、第二十願の問題ということなのです。

この第二十願の問題というのは、念仏を取って申しているのだけれども、もうひとつ、本願を疑うという問題なのです。それを破ってくださるのが第十七願、また第二十二願と、そういうかたちで初めて、本願を疑う罪の深さということを懺悔《さんげ》することによって、真実信心というものがわれわれの上に成就するのです。

その時に、即得往生《そくとくおうじょう》ということが明らかになるのです。

光明寺《こうみょうじ》の和尚《かしょう》の『般舟讃《はんじゅさん》』には、「信心の人はその心《しん》すでに浄土に居《こ》す」と釈《しゃく》し給《たま》えり。居すというは、浄土に、信心の人のこころ、つねにい（居）たりということろなり。

（『御消息集（善性本）』、真宗聖典五九一頁）

そのように浄土を自覚することができるのだというのです。だから不体失往生というのです。ですから、

浄土の真宗は証道《しょうどう》いま盛《さかり》なり。

（『教行信証』後序、真宗聖典三九八頁）

と、このように言い切ることができたのです。つまり浄土に往生できた、その証拠が自覚自証することです。自覚し自証し、そして人にもそれを伝えていく、行証していくということです。

これが「四海の内みな兄弟」ということです。いきなり「四海の内みな兄弟」ということは言えないのです。殺し合っているとか、対立し合っているということを、しっかりと知らされ、その中でむしろ、「四海の内みな兄弟」ということを頷き、証明するということです。そういうことが申しわけなかったと、大きな懺悔ということがあるからこそなんだと。そこから立ち上がっていくという、そこに浄土の真実信心の人は、〝その心すでにつねに浄土に居し、いたり〟と、そういうかたちで不体失往生ということが実現するのです。

見てくださいと、私の生活を見てくださいと。あるいはあの人の生活を見られたらどうですかと。そのように生活をもって、浄土に生まれたことの自覚自証、行証を展開していくということです。これを親鸞聖人は「浄土真宗」と言われたのです。

心に浄土が開かれる

そういうことがあって、命終わる時に心境として浄土は開かれたということです。曾我量深《そがりょうじん》先生が、心境《しんきょう》としての浄土ということを言われました。心に浄土が開かれた、自覚ができたというのです。ここは娑婆です。娑婆の真っ只中で、念仏を通して心に浄土が開かれたと。だから、それを証明するかたちで、殺し合っているものが申しわけなかったといって出会っていくのです。

命終わる時は、浄土に還帰《げんき》すると。けれども、浄土がどこかにあってということではない。浄土へ帰るというかたちをとって、無上仏《むじょうぶつ》になるのだというのです。南無阿弥陀仏から生まれて、南無阿弥陀仏に帰る。そして南無阿弥陀仏になって生き続ける。こういう表現で、無上涅槃の世界に帰るということが、仏になっていくということだと表されています。

だから実体として浄土があって、そこへ帰るということではないのです。それは情なのです。親鸞聖人も晩年、そういうことをよく言われるのです。〝わが歳きわまった。だから、皆さんよりも先に往生していくことになるだろう。しかし浄土で必ず、必ず待っていましょう。だから皆さんも来なさい〟と。そして、もしあなたが先に浄土へ帰られるなら、待っていてくださいと。このように、浄土での再会ということをお手紙の中で繰り返し言われます。これは情なのです。情として言われるわけです。

浄土へ帰るということは、無上仏になるということです。色もない、形もましまさない、そういう無上《むじょう》涅槃《ねはん》をさとるという、無上涅槃の世界へ帰っていくということです。

そういうかたちで、それは「現生正定聚」、現生に「正定聚に住するがゆえに必ず滅度に至る」という、これが浄土真宗のすべてなのです。この正定聚に住するというのは、浄土に生まれたということにおいてしか正定聚はないわけです。信心決定の時、即得往生ということは、浄土に生まれる身になった。そのことを正定聚というわけです。

それが、本願を信じるということを抜きにして言うと、来迎ということを待つわけですから、その時になってみないとわからないわけです。それが非常に不安だと。だから、どこかで安心したいということから、生き仏《ぼとけ》を立てて、その人が阿弥陀さんだというようにみんなが言うその生き仏、善知識から往生は間違いないということを言ってもらうことによって安心しようとする。つまり、正定聚でないにもかかわらず、正定聚だというように言うのを邪定聚というのです。そういう問題が乗り越えられなければならない問題としてあったわけなのです。

そういう意味でやはり、善知識がないかぎり疑う心は破れないのです。本願に遇ったけれども、本願を疑う心は私たちの力では破れないのです。それを破ってくださるのが諸仏・善知識なのです。この諸仏・善知識は、これは法身となった親鸞聖人です。だから、宗祖親鸞聖人をひたすら仰いで、その教えをねんごろに聞く、そうすると、親鸞聖人は生きてくださっているのです。親鸞聖人の教えをしっかり聞けば、その教えのところに、親鸞聖人は生きていてくださる。生きて私たちに語りかけ、呼びかけられている。そういう親鸞聖人に、法身の聖人として出会い、疑う心が破られる。『歎異抄』などは、まさにその本願を疑う心を破るかたちで展開しています。『歎異抄』ひとつ読んでも、まさにそこにねんごろな親鸞聖人の批判があるのです。

そういうことで、体失往生、不体失往生と、こういうことが、ずっと問題になっていて、浄土真宗の教えの中でも、そういう体失往生ということを問題にしているのです。そういう問題を抱えて、浄土真宗は不体失往生なのだということです。「聞其名号《もんごみょうごう》、信心歓喜《しんじんかんぎ》」（真宗聖典四四頁）と言われるように、よき人の教えをねんごろに聞いて信心決定する時、浄土は本願酬報の浄土であるがゆえに、本願を信じるものの上に浄土が自覚されていくのです。だから、不体失往生なのです。このことが一番、浄土真宗の教えが明らかにされていく時に決着をつけなければならない問題としてあります。

門徒といっても、その不体失往生というところへ立たないかぎりは、浄土真宗の門徒ということがはっきりしてこないということがあるのだということです。体失往生ということだと、不安だから、どうしても生き仏を立てないと安心できないということになります。そういう構造が檀家制度の中にはあったのだということです。

それをどう乗り越えるかということで、大きな問題を抱えて始まったのが同朋会運動なのです。そしてそれのひとつの総括として、新しい宗憲ができたということです。その宗憲を本当に証明していく、そういう生活ということが今問われていて、それはなかなか難しいことなのです。

しかし、そういうことをはっきりしていないと、葬送儀礼といっても、仏事といっても、本当に立て直していくことが困難ではないかと思います。

五　一尊教と二尊教

〈質問　①〉

私は寺の住職となって十数年経ちますが、今まで真宗本廟の意義や門首制などについて、まったく考えることなしにきましたので、今日は新鮮な思いでお聞きいたしました。

まず、今さらこんなことをお聞きして恥ずかしいのですが、南無阿弥陀仏ということは、阿弥陀様、お釈迦様、そして親鸞聖人とどのように関連しているのか、門首制と合わせて詳しくお教えいただければと思います。

また、そのことをふまえた上で、寺の住職は、どのような願いをもってお務めしていけばよいのか、アドバイスをいただければと思います。

一尊教と二尊教

そうですね。非常に大事な問題です。というのは、「一尊教なのか二尊教なのか」ということです。これが現代の宗教、日本の場合もそうですし、世界的にもそうです。「一尊教なのか二尊教なのか」という、こういう大きな問題があるのです。

「一尊教なのか二尊教なのか」というのは、浄土真宗は二尊教なのだということです。浄土真宗は「教主《きょうしゅ》」と「救主《きゅうしゅ》」を立てるのです。ここに「二尊教」ということが成り立つわけです。教主と救主をひとつにしてしまうと、教主がそのまま救主なのだと、このように言うのが「一尊教」なのです。これが現代風にいうとカリスマ信仰です。オウム真理教事件の麻原彰晃などがまさにそういうカリスマです。そして麻原彰晃を中心にしたオウム真理教の場合は、そういうカリスマ信仰です。カリスマを立てるのが一尊教なのです。

日本人はカリスマ信仰、一尊教信仰というものを体質としてもっているわけなのです。それが言わば天皇信仰です。それがすでに一尊教なのです。戦時中のことを思い起こせばすぐわかるわけです。天皇が殺せと言えば殺すわけだし、死ねといえば死ぬという。そういうような至上命令というかたちになっていくわけです。そういうような一尊教体質というのは日本人に非常に強くあるのです。

そういう中で親鸞聖人は、教主と救主を分けて二尊教と言われたのです。つまり釈迦・弥陀という二尊を立てる。その釈迦というのは、単に一人というのではなしに釈迦諸仏・善知識と、このように言われるのです。それで、親鸞聖人も釈迦諸仏・善知識になるのです。われわれにとって親鸞聖人というのは、釈迦諸仏・善知識としての宗祖親鸞聖人です。そういう意味では、親鸞聖人は教主という意味があるわけなのです。

そしてその教主というのは、自分自身が救主である阿弥陀如来によってたすけられたからこそ、われわれに対して、私はこのように阿弥陀如来によってたすけられたと。あなたも阿弥陀如来のもとへ往って阿弥陀如来にたすけられなさいと。そのように勧めてくださるのが教主です。それを「発遣《はっけん》の教命《きょうめい》」と言うのです。

阿弥陀如来のもとへ往って、阿弥陀如来によってたすけられなさいと言われるわけで、けっして私がたすけてあげようとは言われないのです。もし私がたすけてあげようと言ってしまえば、親鸞聖人が救主になるわけです。教主でありながら救主になってしまう。それは一尊教になるわけです。そういうのを善知識だのみと、生き仏信仰というのです。

昔は「法主権《ほっすけん》」というものがあったのです。法主権というのは、「生害権《しょうがいけん》」と「後生御免《ごしょうごめん》」です。こういう二つの権限を法主がもったわけです。生害権というのは破門権でもあるわけです。あなたのようなことを言う者は破門だ、異安心《いあんじん》だと、このように法主から言われたら、その者が教団から追放されたわけです。また、その者を誰かがたすけると、そのたすけた者も潰すのです。だから法主から破門と言われれば、どこへ行ってもたすけてくれないわけです。当然生きていくことができなくなるという意味で、これを生害権というのです。殺されたのと同じという意味ほどの決定的な権力をもったわけです。そして、阿弥陀さんと同じだという意味で、たすかるか、たすからないかを決めるのを後生御免というのです。

そういう権力と権威をもつのが法主権です。ですから日本の宗教状況というのを、カトリックの人たちが記録をしているものを見ると、やはりこういう後生御免ということに注目しています。つまり、伊勢の長島の一向一揆の時、いろいろと自分には問題があるけれども、今度仏法のために死ねば、間違いなく浄土へ往生できるということを約束してもらって戦《いくさ》に行くわけです。そういう時には後生御免ということがあって行くわけです。そういうようなことが、かつて非常に力をもった時期があったのです。これを法主権というわけです。教主が救主になってしまうという、こういうのを生き仏信仰というわけです。これが一尊教になるわけです。

しかし、親鸞聖人は、一尊教ではないのだと。釈迦諸仏・善知識というのは、私は阿弥陀如来によってたすけられた。だからあなたも阿弥陀如来のもとへ往ってたすけられなさいと。このように阿弥陀如来のもとへ往きなさいと発遣するのです。私のもとへ来なさいと言うのではなしに、往きなさいと言う。これを「発遣の教命」と言うのです。

そして、阿弥陀如来は来なさいと、私がたすけると言うのです。これを「招喚《しょうかん》の勅命《ちょくめい》」と言うのです。招喚の勅命というのは、私のもとへ来なさいと、必ずたすけるからと言うのです。このように呼びかけられるのが救主としての阿弥陀如来です。これが招喚の勅命です。

その発遣の教命と招喚の勅命を聞いて、それを信じて、それに応えていく。これが信心の行者です。念仏者というのです。釈迦・弥陀二尊のその呼びかけに応えるという、「はい」と素直に応えて立ち上がっていく。これを信心の行者というわけです。これがたすけられたという意味です。必ず釈迦・弥陀二尊の呼びかけに応えてたすけられていくということです。

「南無阿弥陀仏」の三義

「南無阿弥陀仏」そのものにそういう意味があるのです。「南無阿弥陀仏の三義」といって三つ意味があるのです。「南無阿弥陀仏」、ご本尊には必ず裏書《うらが》きがしてあります。その裏書きに「方便法身《ほうべんほっしん》の尊号《そんごう》」とあるのです。裏書きのないものは偽物だといわれるくらいです。その裏書きが親鸞聖人の示された方便法身の尊号なのです。

方便法身というのは、来なさいとか往きなさいという呼びかけです。これが方便ということです。それが声にまでなっているという意味があるのです。だから南無阿弥陀仏は焼いても焼けないのだというわけです。なぜかというと、単なる字ではないのだと。方便法身、それは呼びかけなのだと。だから呼びかけというのは、聞いた者のところに、いつもそれは生きている、はたらいているのだという意味です。そういう意味で、焼いても焼けないのだと言われます。

その「南無阿弥陀仏の三義」というのは、まず教主が「汝《なんじ》、阿弥陀仏《あみだぶつ》に南無《なむ》せよ」と、このように呼びかけておられる、これが第一義です。そのように南無阿弥陀仏というのは呼びかけです。だから教主なのです。親鸞聖人が「あなた、阿弥陀仏に南無しなさい」と、このように発遣の教命として呼びかけておられるのです。

それからさらに、阿弥陀如来自身が「汝、我に南無せよ」と、阿弥陀仏に南無せよと直接呼びかけておられる。これが第二義です。

その教主としての釈迦諸仏・善知識の呼びかけと、救主としての阿弥陀如来の呼びかけを聞いて、それに応えて「我、阿弥陀仏に南無せん」と、このように自己決定する。「私は阿弥陀仏に南無する者です」と言って自分で確認し、みんなに「私は南無阿弥陀仏です」と、私は阿弥陀仏に南無する者ですと言って、それを公にしていくという、これが自己決定です。あなたは誰ですかと聞かれたら、私は阿弥陀仏に南無する者ですと、このように自分でも確認し、みんなにも伝えていくと。これが第三義の南無阿弥陀仏です。

教主の呼びかけと救主の呼びかけに応えて、それに「はい、私は阿弥陀仏に南無します」と自己決定し、名告りをあげた。それが「南無阿弥陀仏」だということです。だからご本尊といっても、本当の自分はそこにいるのだということです。つまり呼びかけに応えて名告って、「南無阿弥陀仏。私は南無阿弥陀仏だ」と。ご本尊が「あなたは南無阿弥陀仏なのだ。その自分を忘れて何をうろうろしているか」と言って呼びかけられる。そういう意味がご本尊の根本です。そういう意味が方便法身ということなのです。そういう意味では、阿弥陀仏と釈迦諸仏と私という三者の関係があるわけです。

教主と救主

注意しなければならないのは、親鸞聖人は釈迦如来と法然上人については、阿弥陀如来が示現《じげん》されたお方であるとされています。だからそういう意味では、阿弥陀如来と二にして一ということです。二にして一というのは、一にして不可同、二にして不可分ということです。こういうのが「一如《いちにょ》」ということです。つまり、阿弥陀如来と法然上人は二にして一だと。法然上人は、阿弥陀如来が法然上人になっておられるのだと、釈迦如来は、阿弥陀如来が釈迦如来になっておられるのだと、こういう言い方をされるのです。ひとつ間違えるとこれは一尊教になってしまうわけです。

けれども、それは二にして一だと、不可分です。それは一にして二だと、不可同です。阿弥陀如来と法然上人は一緒なのかというと、一であるけれども同ずるべからずです。それなら別なのかというと、二にして分かつべからずです。こういうのを一如というのです。そういうことを親鸞聖人は「示現」という言葉で表されたのです。

親鸞聖人は、阿弥陀如来が法然上人になって、私に阿弥陀如来そのものを知らせてくださったのだと、だから法然上人が私にとっての善知識だと、こういうことを言われるのです。だから、私たちが親鸞聖人を善知識だと言える時は、やはり阿弥陀如来が親鸞聖人になって、私たちに阿弥陀如来を知らせてくださったと、このように言えないと親鸞聖人が善知識にならないのです。

『御伝鈔』の中に「化現《けげん》、来現《らいげん》」として、親鸞聖人は阿弥陀如来の示現だということが出てきます。これを二にして一というように聞くことができないと、親鸞聖人が阿弥陀如来だというようになってしまいます。そうすると、これは一尊教です。生き仏になってしまいます。そういう危険性が『御伝鈔』の中にあるのです。まず蓮位夢想の聖徳太子のところです。

しかれば祖師聖人《そししょうにん》、弥陀如来《みだにょらい》の化現《けげん》にてましますという事明らかなり。

（真宗聖典七二六頁）

親鸞聖人は弥陀如来の化現だと言っているわけです。そしてさらに、定禅法橋《じょうぜんほっきょう》のところです。

聖人《しょうにん》、弥陀如来《みだにょらい》の来現《らいげん》ということ炳焉《へいえん》なり。

（真宗聖典七三〇頁）

親鸞聖人は覚如上人にとっては阿弥陀如来の化現であると、阿弥陀如来の来現であるということです。そういうことは、親鸞聖人が阿弥陀如来を徹底して私たちに伝達してくださったという意味なのです。二にして一だけれども、それを私たちが簡単に親鸞聖人は阿弥陀如来だと聞いてしまうと一尊教になってしまうわけです。

親鸞聖人は釈迦如来と法然上人にかぎって、阿弥陀如来の示現だと言われるのです。「諸経のこころによりて弥陀和讃《みだわさん》」という和讃です。

久遠実成阿弥陀仏《くおんじつじょうあみだぶつ》
五濁《ごじょく》の凡愚《ぼんぐ》をあわれみて
釈迦牟尼仏《しゃかむにぶつ》としめしてぞ
迦耶城《がやじょう》には応現《おうげん》する

（真宗聖典四八六頁）

阿弥陀如来が釈迦如来となって迦耶城に現れた。ひとつ間違えると、釈迦如来が阿弥陀如来そのものだというように、一尊教になってしまう危険性があるわけです。けれども、そうではないのだと。そう言えないと、釈迦如来が親鸞聖人にとっての善知識にならないわけです。なぜかというと、阿弥陀如来を徹底して親鸞聖人に伝達してくださったということがそれによって証明されるからです。

法然上人のところでは、「源空和讃《げんくうわさん》」にはっきり言われます。

阿弥陀如来《あみだにょらい》化《け》してこそ
本師源空《ほんじげんくう》としめしけれ
化縁《けえん》すでにつきぬれば
浄土《じょうど》にかえりたまいにき

（「高僧和讃」、真宗聖典四九九頁）

「化縁すでにつきぬ」ということは、親鸞聖人に阿弥陀如来を伝達し終わられたということです。阿弥陀如来を私に伝達してくださった。だから後は私が阿弥陀如来をみんなに、一切衆生に示して、阿弥陀如来のもとへ往けと伝達していく大きな責任があるということを言っておられるところなのです。

そのように、釈迦・弥陀二尊という時には、釈迦如来は教主であり、阿弥陀如来は救主であるのです。釈迦如来は阿弥陀如来からたすけられたからこそ、われわれに阿弥陀如来を伝達することができるのです。釈迦如来と阿弥陀如来は二にして一だということです。法然上人もそうです。この私のところへ阿弥陀如来が伝達されたことを通して、「阿弥陀如来化してこそ」と言われているのです。それは決して一尊教ということを言っているわけではないのですが、それを一尊教というように間違えるのです。「私は南無阿弥陀仏です」ということが決定できた、そういうことがあるので「南無阿弥陀仏の三義」を大事にすべきなのです。

六　住職の課題

住職とは

先ほど言いましたように、親鸞聖人の亡くなった後、覚信尼《かくしんに》からずっとそのお墓守、留守職があったわけです。ただ墓の守りをしているのではなしに、親鸞聖人の教えをしっかりと自分がいただいて伝達する、そういう「自信教人信《じしんきょうにんしん》」という法義相続の責任をもつ者が留守職であるし、それが門首であるということです。

そうすると、やはり一番基本にあるのは二尊教になるわけです。それが法主信仰というか、生き仏信仰になってしまうと、一尊教になるという問題です。権威信仰になるわけです。そこを乗り越えなければならないという問題が今あるのだということです。地方のお寺の住職さんもそこを乗り越えなければならないのです。

そうすると、地方のお寺の住職さんも、法主との関係の中の住職なのか、門首ということとの関係の中で住職なのか、という問題があるわけです。それによって位置が全然違ってくるわけです。

法主とか善知識と、このように言われた時は、親鸞聖人や阿弥陀如来を背中にして、そして門徒の人に向かっておられたわけです。これが善知識や法主なのです。

だけれども、門首というのはここから、門徒のいるここで、ここに門徒の代表として、門徒の最先端を切って如来・聖人に対面して、そして如来・聖人の呼びかけを聞いていくということです。このように、全然立ち位置が変わったわけです。

住職もまたそういう意味では、門徒の向こうで親鸞聖人や阿弥陀如来を背にしているのではないのだと。門徒のいるここなのだと、ここで一緒に聞いていくんだと、親鸞聖人を仰いでいくんだと。こういうことが道場の側面です。

だから、寺の構造をよく見るとそうなっているでしょう。寺というのは内陣《ないじん》と外陣《げじん》があります。内陣には中央に須弥壇《しゅみだん》があって、ご本尊があるわけですが、須弥壇を後ろへ下げてしまえば、ご本尊、親鸞聖人、そして七高僧と聖徳太子が一列に並びます。すると内陣と外陣の違いがなくなります。

もともとはこのように内陣がなかったわけです。そうすると、みんな一緒に座って、同座して教えを聞くわけです。これはお内仏の構造と一緒です。だけれども、この須弥壇を前へ出すと、そこに内陣ができるわけです。それで、内陣へ入っていくということになるのです。これが寺の構造です。須弥壇を後ろへ押すと、これがお内仏であるし、これが道場になるわけです。

門首というのは内陣からお内仏の前へ降りたわけです。ところが、法主との関係の中での住職というのは内陣の中へ入るわけです。寺というのは内陣の中へ入る、道場というのはお内仏の前へ降りる。そういうのが大谷派の寺の二重構造です。

寺ということも、儀式執行という大事な意味があります。お経を読む、経を讃嘆するということです。道場でいったら「正信偈」です。

そういうことを知らないままでというのではなしに、知った上で、少しずつ、そういう願いをどこまでかなえていけるかということでしょう。

七　仏教は自覚教

〈質問　②〉

お話をうかがってきまして、なぜ亡くなった人が仏様と言えるのかということと、どうして亡くなった方を諸仏と拝めるのかというところがしっくりいかないのです。亡くなった人は仏様だとお聞きしましたが、はたして本当にその通り受け取っているのかといいますと、何とも言えないのです。

仏教は自覚教

たとえばテレビなどでも、時代物の番組を見ていると、亡くなった人をいきなり仏様というように言います。ですから、亡くなった人を仏様と言うような言い方が一応民間の中にはあるのは確かなのですけれども、死者をそのまま仏様というように言えるのかというと疑問です。確かにそういう言い方をしているけれども、どうして死者をそのように仏様ということが言えるのかが問題になると思うのです。

その時に、具体的な生活の現場になると死者即仏様というようには言っていないわけです。そこにはやはり、追善して死者を仏様にしていくという仏事があるわけです。しかもその追善して、死者を仏様にしていく仏事というのは、僧侶がお経を読んでということではなしに、卒塔婆を建てて、そして追善し供養し、回向していく、こういう仏事の伝統が非常に根強くあります。真宗門徒はそういう卒塔婆は建てませんけれども、浄土宗や日蓮宗、曹洞宗などの他宗では卒塔婆を墓に建てられるのです。卒塔婆を建てて、そしてその卒塔婆に書かれた経文、そういう経の言葉の功徳によって、死者がそれぞれ背負っている罪業というものが滅罪されて、そして仏になっていくのだとするのです。

またいろいろ精進することで、死の穢れというようなものを除いて、清浄化することによって、神さんになるのだ、仏さんになるのだというのです。そういうことが、三十三回忌というようなかたちで今も伝統されているわけです。だから三十三年経ってはじめて先祖様になられたとか、仏様になられたとか、また神さんになられたと言うのです。だから亡くなった人をそのまま仏さんという場合と、やはり供養して、三十三年勤めて仏様になられたとか、神さんになられたとか、こう言っている現実もあるのです。

その仏様ということですが、仏教ではもともと「自覚覚他《じかくかくた》、覚行窮満《かくぎょうぐうまん》」、これを仏様と言うのです。自分も信じ真理に目覚め、人も真理に目覚めさせて、そういう真理というものが徹底していくことに苦労している者。それが仏さんだというのです。ですから仏教は自覚教だと。このようにして徹底して言われています。宗教といえばみんな救済というように言うわけですけれども、仏教は単に救済教ではなしに自覚教だと言われるのです。浄土真宗の場合、伝統的に阿弥陀さんにたすけてもらうのだということで救済教的な側面が強いわけですけれども、やはり仏教というのは自覚という、自覚教だということがあります。

そうすると、死んだ者が自覚するというと、どうして死んだ者が自覚できるのかという矛盾をもっているわけです。だからそういう意味で、仏教は自覚教であるということは、私たちが教えを聞き、教えに教えられて、真実とか真理に目覚めてはじめて、自覚とか仏とかということが言えるわけです。そこに親鸞聖人が非常に大事にされたのは「大乗の仏道」ということです。

浄土真宗《じょうどしんしゅう》は大乗《だいじょう》のなかの至極《しごく》なり。

（『末燈鈔』、真宗聖典六〇一頁）

つまり浄土真宗は大乗仏教なのだということを、田舎の門徒の人たちに繰り返し言われています。

自利利他円満

大乗仏教ということについて、これは龍樹菩薩の言葉なのですけれども、私たちは「四種《ししゅ》の人」といって、人間には四通りの人が存在するというのです。一つは「自利《じり》の人」です。そして「利他《りた》の人」、「共利《ぐり》の人」、「不共利《ふぐり》の人」です。

私たちは決して個人として生きているのではなしに縁ある人と共に生きているわけです。共生し共存して一緒に生きているのです。

そうした時に、この自利の人というのは、一緒に生きているその他人というものを犠牲にしながら自分ひとりの利益を求めている。そういう人を自利の人というのです。つまり家族がどうなろうと自分さえうまくやればいいんだというようなかたちで、家族を利用し、そして見捨てて、自分の利益を求める。それは自利の人です。

利他の人というのは、自分が犠牲になりながら、一緒に生きているものをたすけようとする。けれども、自分が犠牲になっているということがあるかぎり本当の満足はないわけです。人を犠牲にしていってもやはり後ろめたいし、自分が犠牲になっていてもやはり満足はない。

そうすると、この共利というのは、人を犠牲にするのでもなしに自分が犠牲になるのでもない。他人も自分も共にたすかる。つまり自利利他円満《じりりたえんまん》です。自利利他円満に生きることができているのは共利の人であって、この共利の人こそ仏であり、そして菩薩であるわけです。

だから、大乗の仏教としての浄土真宗というのは、自利利他円満に生きることを願っているものです。共利なのです。これはその大乗仏教の一番大事なことです。

そうするとやはり一番問題なのは、自利利他円満に生きたいと願っているのだけれども、なかなか思い通りにならないということがあります。たとえば家族でおじいちゃんが寝たきりになると、家族はおじいちゃんのことをどうなってもいいとは思ってはいないけれども、五年経ち十年経つと、家族も疲れてくるし、経済的にも肉体的にも苦しくなってくるわけです。そうすると、早くやれやれと安心したいと、そのように思うようになるのですね。すると、早くおじいちゃん死なないのかなというようなことを思いかける時もあります。相手を見捨てることによって、相手を切り捨てることによって自分をたすけようとする。そういう意味で、共利の人にと願っていても思ったようにならないのです。

菩薩の死を克服する

そういうのを「菩薩の死」だというのです。菩薩が死んだということです。菩薩にとってはその菩薩の死というのが一番恐れられるわけです。そういう菩薩の死というようなことは誰でも必ず体験することになるわけです。

自利利他円満に生きたいと願うのだけれども、やはりいつまで経っても、このままではという問題です。これは「時の久遠《くおん》を観《かん》ずる」という問題なのです。いつになったら終わりになるのかと、終わることによって安心したいということを思ってしまうのは、時の久遠を観じているわけです。早く終わりになって、やれやれと言いたいという、それが菩薩の死に繋がってくるのです。

それから「怨親《おんしん》の中に等心《とうしん》に利《り》す」です。つまり人間関係でも、ねんごろな関係にすっとなれる人と、いくら心を開いて関係しようとしても、相手が自分を怨敵のように思ってことごとに刃向かってこられるとか、ことごとに対立してこられるということがあります。いくら一緒にやっていきたいと思っても、親しい人と同じように平等な心でもって関係することができなくなってしまう。それが菩薩の死に繋がるというのです。

だから生活の現場では、菩薩として生きたいと自利利他円満を願うのだけれども、結局時の久遠を観じてしまうとか、怨親の中に等心に利すということが行き詰まってしまう時に、この菩薩の死をどこで克服するのかという問題があるのです。

その時にはじめて、称名念仏ということが出てくるわけなのです。念仏ということがここで出てくるわけなのです。大乗の菩薩が菩薩の死で行き詰まった時に、その菩薩の死を乗り越えさせるもの、それが称名なのです。

これは具体的には、諸仏・善知識を憶《おも》うしかないわけです。親鸞聖人が何か問題を抱えると、聖徳太子のことを憶われるという、これが念仏なのです。だから、私たちの具体的な念仏というのは、親鸞聖人のことを憶うということの他に具体的な念仏はないのです。つまりその行き詰まった時に、私たちを激励して、「だからこそなんだ」と言って、本願を憶念せよと勧めてくださる、そういう諸仏を憶うという、これが称名念仏なのです。

だから念仏というのは、自利利他円満に生きたいにもかかわらず、生活の現場で菩薩の死に行き当ったと。その時に、自分たちにそれを乗り越えさせてくれる力、それがその念仏であるし、本願力だということです。だからこれはどこまでも自覚という問題に関係するわけです。

そういうことを本当に徹底して、そして生きて死んでいった人たちを、当然後に残った者はその人を諸仏といただくのです。諸仏として憶い起こすのです。そういうことがないのに仏さんだというわけにはいかないですし、いくら追善しても本当に身をもってその人を仏さんとして喜び、その人を讃嘆することはできないのです。

本願念仏の仏法

だからあくまで、今生この世でどう生きたのか、どう生きるのか、そういう問題こそ仏教の、仏様の教えを聞いて仏様になる教えです。仏様の教えを聞いて、仏様になる教えこそが仏教であって、親鸞聖人はそれを浄土真宗と、本願念仏の仏法だと言われたのです。

本願念仏の仏法によって、いつでも菩薩の死に出くわす時に乗り越えていく。今、家庭の中で老人問題というのがものすごく深刻です。それで、「おじいちゃん早く死なないか……」と、こう家族が言う時に、それはおかしいぞと声をあげる者がひとりいるかいないかということです。それが念仏者です。

そういう人が本当に生き抜いて死んでいかれた時に、後に残った者がその人を諸仏として讃嘆する。そういうことがないと、いくら仏さんだと言ってみても、本当に私たちに希望を与えてくれるとか力を与えてくれるということにならないですね。だからどうしても、よく浄土真宗の教えの中で言われる「諸仏」というのは、そういうことを確認しなければならないのではないかと思います。

発刊によせて

「現場の教学の本が欲しい」。ある教区の教学研究所主事の切実な言葉である。本書はまさにそうした「現場の声」に応えるものだと思う。

宗門内の圧倒的に多くの僧侶が葬儀の現場に立ち合っている。にもかかわらず、従来の学びは、そうした葬儀、法事、また日常的な月忌参り（常飯）などを、真宗の学びとは別ごとのように、素知らぬ顔をしてきたのではないだろうか。足もとの、そして門徒の人たちとの一番身近な接点となっているそれらの仏事の現場に、――半ば習俗と渾然一体化している仏事の現場に、本願念仏の仏法を聞き開いていく営みが「現場の教学」であろう。

しかしそれはまた本当に困難な、そして危険に満ちた道である。『古事記』の、亡くなった妻を追いかけていった夫が、死の事実を目の当たりにして黄泉の国から逃げ帰り、穢いものを見たと言って禊をする、イザナギ、イザナミの神話に象徴的に表れているように、私どものこころの根っ子には抜きがたい浄穢観がある。著者の言うように、その浄穢を分別するこころは私どもの体質となっている。つまり生理的な日常感覚となって身に沁みついているのである。それが自力のこころの正体だ。

そうした死を穢れとして忌み嫌い、悪む心性の網は日常の生活の隅々にまで張りめぐらされ、しかもそれはたんに個人のこころの内にとどまらず、人との付き合いの仕草や目線の一一に及ぶまで、「それがきまりだから」というひと言で、有無を言わせない社会的な強制力としてはたらいている。もし、そうした習俗、風習に異をとなえるならば、それは社会的死（いてもいないことにしてしまう）に繋がる。そのような十重、二十重に張りめぐらされている浄穢観の網の中で、善悪浄穢をえらばない本願念仏の仏法を伝えようと悪戦苦闘しているのが現場の人たちである。

著者は大谷専修学院の授業で、いつも最後にこのように語った。「それで、みんなはどうであろうか」。二つの道がある。一つは、「仏教はそうであるかもしれないが、しかし現実は」と言って、現実という言葉を隠れみのにして、自分の思いの中へ退いていってしまう道。もう一つは、「仏の教えは真実である。だからこそ」と言って、教えによって現実の困難を自覚し、だからこそと、その大変な現実を引き受けて、その現実、現場の真只中で、「くらべず、あせらず、あきらめず」に如来の真実を自証していく道である。

本書はまさに著者の故竹中智秀先生から、読者の私ども一人ひとりに、「それで、あなたはどうであろうか」と問いかけられている本である。宗門の現場に身を置くすべての僧侶の人たち、その現場を支えている門信徒の人たち、生活者の人たち、そしてできれば他宗の方々にも、広く読んでいただきたい「今日」に向かって発信する本である。

大谷専修学院長　狐野秀存

講義時配布資料「宗門檀那請合之掟」

（※吉川弘文館発行『徳川禁令考（第五帙）』（司法省蔵版）収載の「宗門檀那請合之掟」を参考に、読みやすさを考慮して現代仮名遣いに改め、適宜語を補っています。）

慶長十八年丑年五月

邪宗門吟味之事

御条目宗門檀那請合之掟

一、キリシタンの法は、死を顧りみず、火に入りても焼けず、水に入りても溺れず、身より血を出して死をなすを成仏と建つるゆえ、天下の法度厳密なり。実に邪宗なり。これによって、死を軽んずる者の吟味をとぐべきこと。

一、キリシタンにもとずくものは、闥単国より毎月金七厘を与えキリシタンになし、神国を妨ぐること邪法なり。この宗旨にもとずくものは、釈迦の法を用いざるゆえに、檀那寺へ檀役を妨げ、仏法の建立を嫌う。よって吟味をとぐべきこと。

一、頭檀那なりとも、祖師忌・仏忌・盆・彼岸・先祖の命日に、絶えて参詣つかまつらざる者は、判形を引き、宗旨役所へ断り、きっと吟味をとぐべきこと。

一、キリシタン・不受不施のもの、先祖の年忌に僧の弔いを請わず、当日は宗門寺へひと通りの志を述べ、内証にて俗人打ち寄り、弔い僧の来る時は、無興にて用いず。よって吟味をとぐべきこと。

一、檀那役を勤めず、しかれども我意にまかせ、宗門請合の住持人を用いず、宗門寺の用事を身上相応に勤めず、内心に邪法を抱きたる、不受不施を建つるとあい心得べきこと。

一、不受不施の法、いずれにても宗門寺より申すことを受けず、その宗門の祖師・本尊の寺用に施さず、はたまた他宗の者を受けず、施さず、これは邪宗門なり。人間は天の恩を受けて地に施し、仏の恩を受けて僧に施し、これ正法なり。よって吟味をとぐべきこと。

一、キリシタン・悲田宗・不受不施、三宗ともに一派なり。かれの尊ぶところの本尊は、牛頭切死魔頭祭利仏という。ゆえに十頭大うすという天帝はキリシタン本尊の名なり。我人この仏を願いたてまつり、鏡を見れば仏面と見ゆ、宗旨を転ずれば犬と見ゆ、これ邪法の鏡なり。ひと度この鏡を見るものは、深く牛頭切死丹魔頭を信じ、日本を魔国となす。しかりといえども、宗門吟味の神国ゆえに、ひと通り宗門寺へもとづき、今日も人と交わるに内心不受不施にて、宗門寺へ出入せず。よって吟味をとぐべきこと。

一、親代々の宗門にもとずき、八宗九宗の内、いずれの宗旨紛れこれなくとも、その子いかようなる勧めにより、心底邪宗に組み合うやも知れず。宗門寺より吟味をとぐべきこと。

一、仏法勧談、講経をなして、檀那役をもって、それぞれの寺仏用に修理建立を勧めさすべし。邪宗・邪法のこと、一切せず、世間の交わりひと通りにて、内心仏法を破り、勤めを用いず。吟味をとぐべきこと。

講義時配布資料「宗門檀那請合之掟」

一、死後、死骸に頭剃刀を与え、戒名を授くること。これは宗門寺の住持、死相を見届けて、邪宗にてこれなき段、たしかに受け合いの上にて、引導いたすべきなり。よくよく吟味をとぐべきこと。

一、天下の一統、正法に紛れこれなきものには、頭剃刀を加え、宗門受け合い申すべく候。武士はその寺の受け状に証印を加え差し上げ、そのほか血判成り難きには、証人の受け合いを証文に差し出すべきこと。

一、先祖の仏事を他寺へ持参いたし、法事を勧め申すこと、堅く禁制なり。しかりといえども、他国にて死去候う時は格別のこと。よくよく吟味をとぐべきこと。

一、先祖の仏事、歩行達者なる者にして参詣つかまつらず、不沙汰に修行申すものは吟味をとぐべし。その者の持仏堂備え物、よくよく吟味をとぐべきこと。

一、あい果て候う時は、一切宗門寺の差図を蒙り修行のこと。天下の敵・万民の怨は、キリシタン・不受不施・悲田宗・バテレンの類をもって、あい果て候う節は、寺社役者へあい断り、検者を受けて、宗門寺の住僧弔い申すべきこと。役所へあい断らず、弔い申す時は、その僧の越度なり。よくよく吟味をとぐべきこと。

右十五《（ママ）》か条目、天下の諸寺院宗門受け合いの面々、この内一箇条もあい欠け候うては、越度を仰せつけらる。よくよくあい守るべきものなり。

慶長十八癸丑年五月　奉行

日本諸寺院

あとがき

本書は、二〇〇五年に真宗大谷派福井教区にて行われた竹中智秀氏（前大谷専修学院長）の講義を同教区教化委員会がまとめ『真宗と習俗を考える学習会　浄土真宗の葬儀』として出版されたものに、あらためて語句の整理等を加え、東本願寺出版より発行したものです。

講義の中ではくり返し、〝病院から葬儀場へ〟という葬儀の簡略化が問題とされていますが、時代はさらに進み、今日では〝病院から火葬場へ〟と、もはや宗教的儀式をまじえる余地のない葬送のかたちが、現実的な選択肢として遺族の前に提示されています。

これは現代を生きる多くの人にとって、時間的・体力的、そして特に経済的な負担を鑑みて、伝統的な宗教儀礼としての葬儀に〝不必要〟の烙印が押されつつある現状を表すものに他なりません。私たちは、はたして長い歴史をくぐり人々が勤めてきた〝葬儀〟を、本当に大切にしてきたのか。習俗的な、形ばかりのものとして相続してきたのではないか。深い反省とともに、この現実を直視しなければならないのではないでしょうか。

本書において竹中氏は、浄土真宗における伝統的な葬送儀礼について、教学的・歴史的知見に基づき、一つひとつの意味合いを丁寧にご教示くださっています。特に亡き人をご縁に本願念仏の教えを確かめ合い、悲しみの中から生きる勇気と力をいただいてきた本当の〝浄土真宗の葬儀〟を回復したいという氏の願いや情熱を、その言葉の端々に感じとることができます。

伝統的な葬儀を取りまく状況は非常に厳しいものではありますが、竹中氏が述べておられる、死者の志を受け継ぎ、死者と共に生きる、本来の意味の〝葬儀〟をともどもに回復していくことこそが、個人主義や経済最優先など、様々な問題をはらむ私たち現代人のあり方に、問いをなげかけるものとなるのではないでしょうか。

ぜひ、本書を多くの方々にお読みいただき、学習会やご家庭で、葬儀のあり方について議論を深めていただきたいと思います。

最後になりますが、本書の出版にあたり、快くご許可を賜りました竹中光史氏、並びに福井教区の皆様、そして監修をお引き受けいただきました狐野秀存氏に、厚く御礼を申しあげます。

二〇一八年十一月

東本願寺出版

竹中　智秀（たけなか　ちしゅう）

1932（昭和７）年、兵庫県市川町に生まれる。1959年大谷専修学院卒業。1966年大阪教区定久寺に入寺。大谷専修学院指導、同学院主事を経て、1988年同学院長に就任。2006年10月８日逝去。
著書に『浄土真宗の儀式の源流―『法事讃』を読む―』、法話CD『宗祖としての親鸞聖人に遇う』（以上、東本願寺出版）、『竹中智秀選集』全八巻、『『教行信証』講義―阿弥陀の本願をあきらかにする―』全三巻（以上、樹心社）など。

浄土真宗《じょうどしんしゅう》の葬儀《そうぎ》

2018（平成30）年12月28日　第１刷発行
2019（令和元）年５月28日　第２刷発行

著　者　竹　中　智　秀
監　修　狐　野　秀　存
発行者　但　馬　　　弘

編集発行　東本願寺出版（真宗大谷派宗務所出版部）
〒600-8505　京都市下京区烏丸通七条上る
TEL 075-371-9189（販売）
075-371-5099（編集）
FAX 075-371-9211
E-mail books@higashihonganji.or.jp（販売）
shuppan@higashihonganji.or.jp（編集）
真宗大谷派（東本願寺）ホームページ
http://www.higashihonganji.or.jp/

印刷所　中村印刷株式会社
装　幀　株式会社ファーム

ISBN978-4-8341-0594-0 C0015